KB270543

10대의 꿈이 평생을 결정한다

10대의 꿈이 평생을 결정한다

지은이 | 이영권, 김태광

초판 3쇄 발행 | 2013년 9월 17일

발행처 | 도서출판 작은씨앗
공급처 | 도서출판 보보스
발행인 | 김경용

등록번호 | 제 300-2004-187호   등록일자 | 2003년 6월 24일

주소 | 서울시 서초구 서초동 1355-17 서초대우디오빌 1008호
전화 | (02) 333-3773   팩스 | (02) 735-3779
이메일 | ky5275@hanmail.net

ISBN 978-89-6423-134-0 13320

값은 뒤표지에 있습니다.
잘못된 책은 구입하신 서점에서 바꾸어 드립니다.

이 도서의 국립중앙도서관 출판시도서목록(CIP)은 e-CIP홈페이지(http://www.nl.go.kr/ecip)와
국가자료공동목록시스템(http://www.nl.go.kr/kolisnet)에서 이용하실 수 있습니다.
(CIP제어번호: CIP2012000210)

10대의 꿈이
평생을 결정한다

가능성의 바다에서 표류하지 않고 자신 있게 헤엄치기

이영권, 김태광 지음

꿈꾸는 너는 눈부시게 아름답다

나는 그동안 중·고등학교 특강, 그리고 현재 운영 중인 세계화전략 연구소에서 진행하는 '청소년 글로벌 인재 만들기' 프로그램을 통해 청소년들을 가까이에서 접해볼 기회가 많았다. 그들을 보면 나도 모르게 너무나 후회되는 나의 청소년 시절이 오버랩 되면서 충실히 살지 못한 것에 대해 늘 부끄러운 마음이 들곤 한다. 그래서 청소년들을 대상으로 하는 특강은 더더욱 최선을 다한다. 내가 하는 조언이 조금이라도 그들의 피부에 닿기를 바라기 때문이다.

여느 성공자들이 그렇듯이 나 역시 청소년들에게 꿈에 대해 강조한다. 청소년을 대상으로 하는 한 특강에서 이렇게 물었다.

"여러분, 꿈과 공부 가운데 무엇이 먼저일까요? 그리고 그 이유는 무엇일까요?"

　그러자 다음과 같은 대답들이 쏟아졌다. "꿈이 먼저다. 왜냐하면 그 꿈을 이루기 위해선 공부를 해야 하기 때문이다." "당연히 꿈이 먼저다. 꿈이 없다면 공부해야 할 의미도 느끼지 못하기 때문이다." 그렇다. 학생들이 죽을힘을 다해 공부하는 것은 꿈 때문이다. 성적이 따라 주지 않는다면 원하는 대학, 원하는 학과에 지원할 수 없게 된다. 그 결과 꿈은 아무나 실현할 수 없는 '특별한 것'이 되고 마는 것이다.

　두 여행자가 한 목적지를 향해 여행을 떠났다. 한 여행자는 여행을 떠나기 전에 지도를 챙기고 철저하게 사전 조사를 했다. 다른 여행자는 사전 조사는커녕 지도도 챙기지 않은 채 무작정 떠났다.

　지도를 챙기고 사전 조사를 한 여행자는 예상일보다 일찍 목적지에 도착할 수 있었다. 또한 목적지를 향하는 과정에서 경치 좋은 곳을 둘러보며 여유를 즐기기도 했다. 반면에 아무런 준비 없이 여행을 떠난 여행자는 시간이 지날수록 목적지와 오히려 멀어졌다. 그러자 마음이 초조해지고 불안해졌다. 사람들에게 길을 물었지만 그들은 하나같이 엉뚱한 길을 알려주었다. 그때마다 '지도라도 챙겨올걸.' 하는 후회가 머릿속에서 떠나지 않았다. 결국 그는 예상일보다 훨씬 늦게 목적지에 도착했을 뿐 아니라 그에게 있어 여행은 즐거움이 아닌 고통, 그 자체였다.

인생은 여행과 같다. 제대로 된 여행을 하기 위해선 지도를 챙기고 목적지에 대한 사전 조사가 필요하듯이 인생 역시 꿈이 필요하다. 꿈이란 무슨 일이 있어도 이루고 싶은 것을 말한다. 그래서 꿈이 있는 사람은 어떤 시련과 역경이 닥쳐도 좌절하지 않고 묵묵히 나아간다. 시련과 역경에 대한 두려움보다 꿈을 이루려는 갈망이 더 크기 때문이다.

지금의 나, 이영권을 만든 것도 꿈 때문이라고 할 수 있다. 요즘 부모들은 자녀를 명문대에 보내기 위해 경제적인 출혈을 기꺼이 감수한다. 그러나 나의 학창시절은 그렇지 못했다. 초등학교도 들어가지 않은 어린 나이에 아버지를 잃은 후, 어머니는 홀로 온갖 고생을 하시면서 나를 키우셨다. 당시 나는 가난한 환경만큼이나 비관적이었다. 당연히 공부는 뒷전이었다.

그러다 어느 날 문득 지금처럼 살아선 안 된다는 깨달음이 들었다. 방황에 종지부를 찍고 과거는 잊고 미래를 향해 오늘에 최선을 다해 살아야 한다고 다짐했고 실천했다. 당시 나는 우리나라는 외국을 상대로 돈을 벌어야 한다는 생각을 가지고 있었다. 때문에 영어라는 경쟁력을 키워야겠다고 결심했다. 그래서 죽을힘을 다해 영어 공부에 매진했다. 일 년 반 동안 하루에 18시간 이상 영어 공부에 매달렸던 기억이 난다.

나는 성공하기 위해선 가장 중요한 한 가지를 죽여야 한다고 생각했다. 그래서 나는 영어를 죽였다. 그때 치열하게 공부했던 영어가

직장생활을 거쳐 지금의 내가 몸담고 있는 분야에서 최고로 거듭나는 데 날개가 되어주었다.

인생은 마라톤과 같다. 더군다나 청소년기를 보내고 있는 여러분은 이제 막 인생의 출발선을 달리기 시작했다. 이제부터 본격적인 인생의 시작이다. 따라서 '이것 아니면 안 된다'는 꿈을 가지고 뒤돌아보지 말고 달리는 일에만 온 신경을 집중해야 한다. 오롯이 현재를 살아야 한다는 말이다.

인생은 너무나 공평하다. 꿈을 설정하고 그것을 향해 노력과 도전, 인내, 시간을 쏟은 사람에게 승리라는 영광을 안겨준다. 현재 우리가 성공자라고 일컫는 사람들은 청소년 시절을 소중하게 보냈던 사람들이다. 그 순간들이 가까운 미래에 다양한 기회들을 끌어당겼고, 그 결과 자신의 분야에서 최고가 될 수 있었다.

꿈꾸는 여러분은 눈부시게 아름답다. 절대 다른 사람과 비교하지 말고 자기 자신만의 페이스로 최선을 다해보길 바란다. 꿈은 꼭, 반드시 활짝 만개할 테니까.

세계화전략연구소에서

이영권

지금 알고 있는 것을 10대에 알았더라면

나는 개인적으로 성공, 아니 성공 비결에 대해 관심이 많다. 모든 것에는 이유가 있게 마련. 내가 성공 비결에 대해 관심이 많은 것은 어린 시절 겪었던 가난과 관련이 깊다. 나는 지금은 대구광역시에 편입되었지만 과거에는 경상북도에 속했던 달성군 유가면이라는 시골에서 자랐다. 부끄러운 이야기이지만 우리 집은 우리 마을에서 가장 가난한 축에 속했다. 그래서 부모님은 내가 어린 시절부터 이른 아침에 출근하여 자정이 다 되어가는 시간까지 보일러를 만드는 공장에서 일을 하셔야 했다. 그런데도 형편은 나아지지 않았고 부모님은 이웃집에 자주 돈을 빌리러 다니셨다.

어린 시절을 떠올리면 가장 창피한 기억들이 있다. 돈이 없어 학교 준비물을 가져가지 못한 것도 아니고 구멍 난 양말을 신고 다닌

것도 아니다. 병원에 갈 때와 등록금을 낼 때였다. 초등학교 시절, 생활보호대상자였기 때문에 병원에 갈 때마다 무료로 진료를 받을 수 있는 의료보험증을 가지고 다녔다. 이 의료보험증은 색깔과 무늬가 일반 사람들의 것과 달라 병·의원의 수납창구에서부터 서러움을 받아야 했다. 중학교 시절 등록금을 낼 때에도 마찬가지였다. 생활보호대상자였기 때문에 서무과에서 동기생들보다 훨씬 적은 액수의 등록금을 냈는데, 그때 짓던 서무과 여직원의 냉담한 얼굴 표정은 지금도 생생히 떠오른다.

그러나 나는 10대 시절, 우리 집이 가난한 이유가 부모님이 열심히 일하지 않아서가 아니라 배우지 못해서라는 것을 알지 못했다. 그저 '우리 집은 왜 이렇게 가난한 거야?' '나도 부잣집에서 태어났더라면…….' 하는 생각만 자주 하곤 했다. 집이 가난한 것이 부모님 탓이라고 생각했다. 그러면서 나는 절대 부모님처럼 살지 않겠다고 다짐하곤 했다.

나는 성공하는 인생, 내가 꿈꾸는 인생을 살기 위해선 10대 시절, 특히 중·고등학교 시절에 간절한 꿈을 가져야 한다는 것을 알지 못했다. 더군다나 당시는 지금처럼 10대들을 위한 자기계발서도 없었고 성공한 사람들을 만날 기회도 없었다. 왜 꿈을 가져야 하고, 어떤 꿈을 가져야 하고, 어떻게 꿈을 이룰 수 있는지에 대한 정보가 없었다. 그렇다 보니 꿈은 나와는 먼 이야기였다.

확고한 꿈이 없었기에 나는 중·고등학교 시절 성적이 좋지 않았다. 바닥이었다고 하는 편이 옳을 것이다. 그럼에도 나는 고등학교를 졸업하고 어른이 되면 저절로 잘살아지겠지, 하는 안일한 생각을 가지고 있었다.

집이 가난했던 탓에 중학교 때부터 안 해본 일이 없을 만큼 다양한 경험을 했다. 신문배달, 주유소 아르바이트, 다방 카맨, 막노동, 전단지 돌리기, 피자가게 아르바이트, 공장 생활 등 수십 가지의 직업을 거쳤다. 주유소에서 일할 때는 트럭에 휘발유를 잘못 주입하는 바람에 2주일치 일한 것에 대한 급료도 받지 못한 채 욕만 얻어먹고 쫓겨난 적도 있었다.

그러다 우연히 미국의 세계적인 성공학 거장, 나폴레온 힐이 쓴 『성공학 노트』라는 한 권의 책을 읽고 꿈을 가지게 되었다. 그때부터 성공학 관련 책들을 닥치는 대로 읽으면서 내 마음속을 가득 채우고 있던 부정적인 사고가 긍정적인 사고로 바뀌기 시작했다.

당시 나는 남다른 습관을 가졌다. 바로 종이에다 '작가'라는 꿈과 목표 목록 수십 개를 적어 지갑에 넣고 수시로 들여다보면서 꿈을 실현한 나를 상상하는 것이었다. 그러자 놀라운 일들이 일어났다. 글을 쓴 지 3년 만에 작가가 되었고, 9년 만에 중국과 대만, 태국 등에 저작권이 수출되었고, 10년 만에 초등학교 4학년 도덕교과서에 글이 수록되었던 것이다.

꿈보다 더 힘이 센 것은 없다. 많은 부모들이 자녀에게 공부하라고 몰아세우지만 정작 저절로 공부를 하게 해주는 동기인 꿈에 대해서는 무심하다. 그러니 자녀가 공부와 담을 쌓고 딴짓에 시간을 허비하는 것은 어쩌면 당연한 일인지도 모른다.

나는 10대들에게 지금보다 더 공부를 잘하고 싶고, 정말 잘되고 싶고, 성공하고 싶다면 먼저 가슴 뛰는 꿈을 가지라고 조언한다. 꿈과 공부는 절대 떨어질 수 없는 불가분의 관계이기 때문이다. 아무리 거창한 꿈이 있더라도 공부를 하지 않고서 이루기란 하늘의 별 따기와 같다. 공부는 꿈이라는 정상에 오르는 데 있어 중요한 에스컬레이터가 되어준다는 것을 기억해야 한다.

나는 지금 알고 있는 것을 10대에 알았더라면 내 인생이 분명 지금보다 더 멋지고 눈부셨으리라 생각한다. 하지만 안타깝게도 나의 10대 시절은 버스처럼 지나가고 말았다.

그러나 이 책을 읽는 여러분은 다르다. 현재 인생의 황금기를 통과하고 있기 때문이다. 지금 여러분이 보내는 순간순간을 어떻게 사느냐에 따라 남은 미래가 좌우된다는 것을 기억해야 한다.

김태광비전연구소에서
김태광

차례

01

가슴을 뛰게 하는 꿈을 찾아라

행복의 나라는 우리 자신 속에 있는 것.
우리 자신이 이미 그 열쇠를 가지고 있다는 것을 알아야 한다.
그건 마치 우리가 충만한 삶을 시작할 수 있도록
허락을 기다리고 있는 것과 같다.
그러나 우리에게 허락을 해줄 수 있는 사람은 바로 우리 자신이다.

— 밀드레드 뉴먼 (미국의 심리학자)

가슴을 뛰게 하는 꿈을 찾아라

경기도 남양주시에 위치한 한 중학교에서 특강을 진행한 적이 있다. 특강이 끝난 후 질의응답 시간에 한 학생이 이런 질문을 했다.

"꿈이 먼저인가요? 아니면 공부가 먼저인가요?"

나는 곧바로 이렇게 대답했다.

"당연히 꿈이 먼저입니다. 간절히 이루고 싶은 꿈이 없으면 공부에 대한 동기 역시 약해질 수밖에 없습니다. 꿈이 없다는 것은 자신이 지금 왜 열심히 공부해야 하는지, 지금 하는 공부가 훗날 자신의 미래에 어떤 기회를 가져다줄지 알지 못한다는 것과 같습니다. 그러니 당연히 공부가 지루하고 힘들게 느껴질 수밖에 없지요. 그러나 확고한 꿈이 있는 사람은 아무리 뜯어 말려도 공부를 합니다. 꿈을 이룰 유일한 수단은 공부밖에 없다는 것을 잘 알기 때문입니다. 따라서 공부를 잘하고 싶다면 먼저 간절한 꿈을 설정하는 것이 전제되어야 합니다.”

공부보다 꿈이 먼저다. 그런데 대다수의 학생들은 이렇다 할 꿈도 없이 막연히 의무감으로 책상에 앉아 있다. 그러니 공부가 될 리 만무하다. 자꾸만 잡생각이 나고 인터넷 강의를 듣기 위해 컴퓨터를 켜면 친구와 메신저를 하거나 연예인에 대한 가십거리만 검색하는 등 딴짓을 한다. 학생들이 이런 행동을 하는 데는 어른들의 잘못도 크다. 어른들은 학생들에게 꿈이 무엇인지 물어보지 않는다. 점수는 몇 점인지, 반에서 몇 등이나 하는지 등 눈에 보이는 성적만을 궁금해한다. 이는 학습 동기 부족으로 이어진다. 학생들이 열심히 공부하길 바라지만 결과적으로는 공부하기 싫어지는 환경을 조성하는 것이다.

며칠 전 중학교 3학년에 재학 중인 한 여학생으로부터 다음과 같은 메일을 받았다.

“지금 저에게 가장 큰 고민은 간절히 바라는 꿈이 없다는 거예요. 자기 꿈을 찾아 정말 열심히 공부하는 친구들에 비해서 저는 그냥 시간만 낭비하는 것 같다는 생각이 들어요. 경영컨설턴트, 회계사, 의사, 공무원이라는 막연한 꿈이 있기는 하지만 제 자신에 대한 믿음이 없는 것 같아요. 주변에서는 제가 잘하는 것을 찾아보라고 조언하는데 저는 잘하는 것이 없는 것 같아요. 어떻게 해야 할까요?”

꿈이 없다면서 어떤 꿈을 가져야 할지 모르겠다고 호소하는 학생들이 많다. 그러나 이들에게 특별히 해줄 조언은 없다. 그저 "시간을 두고 자신의 가슴을 뛰게 하는 꿈을 찾아야 한다."는 말밖에는. 꿈은 타인이 대신 찾아줄 수 없다. 자신에 대해 가장 잘 아는 사람은 자신이기 때문이다. 만약에 타인이 대신 꿈을 설정해준다면 이는 진짜 꿈이 아니다. 그것은 절대로 실현될 수 없으며 설사 실현된다고 하더라도 오래 지속되지 못한다.

어느 분야에서든 최고가 있다. 분야별로 몇 사람만 적어 보자.

① 김연아 → 피겨 스케이팅 선수

② 공지영 → 소설가

③ 강수진 → 발레리나

④ 안철수 → 컴퓨터 바이러스 백신 V3 개발

⑤ 오프라 윈프리 → 방송인

⑥ 정지훈(가수 비) → 댄스 가수

⑦ 빌 게이츠 → 개인용 컴퓨터 개발

⑧ 스티븐 스필버그 → 영화감독

이들에게는 한 가지 공통점이 있는데 바로 가슴이 시키는 일, 즉 꿈을 일찍이 설정했다는 것이다. 그렇다. 성공한 사람들은 모두 확고한 꿈, 간절한 꿈을 가졌다. 우연한 기회에 운 좋게 이룬 것이 아니라 가슴이 시키는 일을 정한 후 치열하게 살았다. 그 결과, 많은 사람들이 부러워하는 눈부신 인생을 살게 된 것이다.

사람들은 성공하는 인생을 살기를 바라지만 그런 인생을 창조하기 위해 가장 중요한 성공 요소를 지나친다. 자신의 가슴이 시키는 일이 무엇인지 고민하지 않는 것이다. 그들은 어떤 일을 할 때 자신의 가슴이 뛰고 벅차오르는지 고민하지 않기 때문에 덜 중요한 일들을 하며 인생을 낭비한다.

2011년 5월, 경희대학교 평화의 전당에서 '우리 함께 꿈꾸자'라는 주제로 청춘콘서트가 열렸다. 안철수, 박경철, 김여진, 조국, 김제동, 법륜스님, 이렇게 이 시대 국민 멘토 6명이 모여 카이스트 학생 자살, 치솟는 실업률, 등록금 압박 등을 다루며 좌절하는 청춘들에게 용기와 희망을 전해주기 위해 마련된 자리였다.

이날 안철수는 과거 자신이 7년 동안 의사와, 컴퓨터 바이러스 백신 개발이라는 두 가지 일을 병행했을 때를 예로 들며 다음과 같이 조언했다.

"결국 둘 중에 하나를 선택해야 하는 순간이 오더라. 컴퓨터 바이러스도 매년 2배씩 늘어나서 새벽에 잠 안 자고 3시간 정도 하는 걸로는 해결이 안 되고, 의과대학 쪽도 지도학생 받으라고 해서 다른 사람의 인생을 책임져야 하는 자리가 되었다. 자기 인생을 나한테 바치러 오는 사람들이 있는데, 새벽에 몰래 일어나서 딴짓하면 나쁜 사람 되는 것 같았다. 둘 중에 하나를 선택해야 했는데 참 쉽지 않은 선택이더라. 희생 없는 선택은 없더라. 기회만 찾으려고 하다 보면 평생 선택 못하고 죽는 수밖에 없는 것 같다. 답은 이 세상 누구도 줄 수 없다. 멘토도 줄 수 없다. 자기가 찾아야 된다."

우리는 안철수의 말에서 세 가지 진리를 깨달을 수 있다.
① 모든 일에 잘할 수 없다.
② 희생 없는 선택은 없다.
③ 꿈은 절대 타인이 찾아줄 수 없다.

인생은 한 번뿐이다. 그래서 후회 없이 살도록 노력해야 한다. 그러기 위해선 가슴이 시키는 일을 찾아야 한다. 생각만 해도 가슴이 두근거리는 꿈을 찾아야 한다. 그 꿈을 찾을 때 어제와는 다른 오늘을 살게 된다.

간절함은 행동으로 이어진다

성공한 사람들과 그렇지 못한 사람들 사이에는 차이점이 있다. 바로 꿈과 목표에 대한 '간절함'이다.

성공한 사람들 → 간절함이 있다.
성공하지 못한 사람들 → 간절함이 없다.

성공한 사람들에게는 어김없이 꿈과 목표에 간절함이 있었다. 너무나 간절했기 때문에 그 어떤 시련과 역경도 장애가 되지 않았다. 그들의 눈에는 오로지 꿈과 목표만이 확대되어 보였기 때문이다. 반면에 성공하지 못한 사람들은 꿈과 목표가 있어도 자신의 전부를 걸지 않는다. 실현되면 좋고 실현되지 않아도 그만이라고 생각한다. 간절함이 결여되어 있기 때문이다.

꿈과 목표가 무엇이건 간에 간절히 원하면 반드시 이루어지게 마련이다. 간절하다는 것은 그것을 성취하지 못하면 '나는 죽는다'는 각오를 담고 있다는 것이다. 즉 죽지 않기 위해, 살기 위해 꿈을 이루어야 한다는 말이다. 그러니 꿈과 목표를 실현하기 위해 목숨을 걸고 덤벼드는 수밖에 없다. 그래서 '간절함'은 '행동'으로 이어진다.

한 여고생으로부터 이런 메일을 받은 적이 있다.

"이루고 싶은 꿈이 생겼어요. 그런데 그 꿈은 저 외에도 많은 사람들이 꾸는 꿈이고 제가 이룰 수 있을지 확신도 서질 않아요. 그래도 정말 간절히 원하면 이루어질까요?"

그 여고생에게 다음과 같이 답신을 보냈다.

"꿈을 이루기 위해선 가장 먼저 확고한 꿈을 설정해야 합니다. '이 꿈을 이루지 못하면 나는 아무것도 아니다'라는 생각이 들 정도의 강력한 꿈이어야 합니다. 그래야 그 꿈을 이루고 싶은 간절함이 생겨나기 때문입니다. 물론 꿈을 향한 간절함만 있다고 해서 꿈이 저절로 실현되는 것은 아닙니다. 꿈을 이루기 위한 노력이 뒤따라야 합니다. 꿈을 향한 간절함이 강할수록 그것을 성취하고자 하는 힘도 강력해지게 마련입니다. 꿈을 꽃씨에 비유한다면 간절함은 '잎을 틔우고 줄기를 키워 올려 마침내 꽃을 피우는 힘'이라고 할 수 있습니다."

현재 세계화전략연구소에서는 10대를 위한 '청소년 글로벌 인재 만들기' 프로그램을 운영하고 있다. 그래서 젊은 친구들과 대화를 나눌 기회가 많은데 그들과 대화를 나눠 보면 대부분 자신의 꿈과 목표에 대한 간절함이 결여되어 있다는 것을 알 수 있다. 그냥 지금처럼 그럭저럭 살다 보면 어떻게든 되겠지, 하고 여기는 것 같다.

그러나 이는 참으로 무서운 생각이 아닐 수 없다. 세상에 공짜란 없기 때문이다. '어떻게든 잘 되겠지.' 이런 생각은 자신의 미래를 아무렇게나 방치해두겠다는 뜻과 같다. 이런 생각을 하는 사람의 미래는 암울하다 못해 절망적이다. 꽃과 나무는커녕 온통 잡초로 뒤덮이게 될 것이다.

미국 프로야구 클리블랜드 인디언스에서 활약 중인 추신수 선수. 지금의 그를 있게 한 것으로는 매일 한결같게 하는 힘, '성실'을 꼽을 수 있다. 그는 마이너리그 시절부터 메이저리그에서 활약하는 지금에도 경기장에 가장 먼저 나가는 선수로 알려져 있다.

추신수는 그 이유를 이렇게 말한다.

"저는 항상 준비되어 있는 것을 좋아해요. 시간에 쫓기거나 서두르는 것을 싫어하거든요. 짐을 쌀 때도 3일 전부터 가방을 열어두고 생각날 때마다 하나씩 하나씩 넣어둡니다."

그의 성실함은 다음 말에서 확연히 느껴진다.

"저는 10이 완벽하다고 하면 10을 넘기 위해서 11에 도전하고,

11에 도달했을 때는 또 12를 향해서 가는 사람입니다. 그래서 만족을 못하겠어요. 타격 연습을 할 때도 몇 개를 쳤는지 세지 않고 그냥 해요. 멈출 수가 없는 거죠."

추신수는 동료들 가운데 연습량이 가장 많다고 한다. 타격 코치가 그만하고 좀 쉬라는 말을 할 정도다. 지칠 줄 모르는 그의 성실함이 지금의 그를 만든 것이다. 성실함은 간절함에서 생겨난다. 자신이 바라는 것을 어떻게든 이루고 싶은 간절함은 행동하게 만들고 그 행동을 꾸준하게 지속시켜준다. 그 결과 시간이 지나면서 성과를 발휘하게 되고 결국 자신의 분야에서 성공하게 된다.

우리나라를 대표하는 사진작가 김중만. 그는 언젠가 백지연 아나운서가 진행하는 〈피플 인사이드〉에 출연해 아프리카에서 찍었던 동물에 관한 이야기를 들려준 적이 있다. 그가 아프리카 벌판에서 사자를 바로 앞에 두고 카메라 셔터를 눌렀던 일화를 두고 백지연 아나운서가 김중만에게 물었다.

"유명한 일화가 있잖아요. 사자 사진을 찍을 때 5미터 앞까지 가서……."

그러자 그는 백지연 아나운서의 말을 중간에 끊고 담담하게 당시를 설명하기 시작했다.

"많은 사람들이 5미터라고 알고 있는데, 5미터는 아니고요. 4미터, 보통 그 정도 거리면 차에서 내릴 수 없어요. 그런데 사정을 해

서 내려갔어요. 처음에는 20미터였어요. 그런데 제 마음이 '아, 10
미터 정도까지 갔으면…….' 하는 거예요. 그래서 갔어요. 차 문만
열어둬라, 여차하면 뛰어간다 했던 거죠. 가다 보니 4미터 앞에서
찍게 되었어요. 멋있었죠. 대단했어요. 그런데 촬영을 끝마치고 숙
소에 돌아와서 동물의 습성에 관한 책을 읽는데, 사자가 사냥할 때
100미터를 4초에 달린다는 거예요. 그럼 10미터는 0.4초에 뛴다는
거죠!"

위험을 무릅쓴 김중만의 행동은 무모하다기보다 존경스럽다는 생
각이 든다. 자신의 일을 사랑하는 사람만이 할 수 있는 행동이다. 다
른 사진작가들이 찍지 못하는 야생의 생생한 사진을 찍고 싶다는 간
절함이 그를 행동하게 한 것이다.

그는 그동안 야생동물을 찍으면서 그야말로 죽을 고비를 몇 번이
나 넘겨야 했다. 하마를 찍을 때는 '아, 오늘 초상을 치를 수도 있겠
구나.'라는 위기감이 들었다고 한다. 하마는 큰 덩치에 어울리지 않
게 의외로 굉장히 빠른 동물이다. 게다가 자신의 영역을 침범하는
존재가 있으면 난폭하게 공격하는 습성을 가지고 있다. 그런 하마를
코앞에다 두고 사진을 찍었으니……. 그의 모습을 보면 단지 그가
운이 좋았다기보다 자신의 일에 열정, 즉 간절함을 가지고 있음을
알 수 있다.

꿈을 이루고 성공하는 비결은 어렵지 않다. 오히려 너무나 간단하

다. 추신수와 김중만이 한 것처럼 '이것 아니면 나는 죽는다'라는 간절함을 갖는 것이다. 간절함보다 더 강력한 에너지는 없다. 간절함을 품게 되면 즉각 그것을 이루기 위한 행동에 나서게 된다. 간절함이 이끄는 대로 나아간다면 꿈과 목표는 반드시 이루어질 것이다.

꿈이 없는 청춘은 불안하다

요즘 청춘들을 보면 한마디로 불쌍하다는 생각이 든다. 그들은 한 치 앞도 보이지 않는 미래와 피 튀기는 경쟁에 숨이 막히는 하루하루를 보내고 있다. 그러나 어쩌겠는가? 불안하고 아프기 때문에 청춘인 것을.

그러나 청춘이기에 희망을 가져야 한다. 불안하고 아프다는 것은 아직 그 무엇도 확실하게 정해지지 않았다는 뜻이다. 따라서 어떤 꿈을 가지고 어떤 노력을 기울이느냐에 따라 미래를 얼마든지 변화시킬 수 있다.

인생의 성공은 꿈에서 비롯된다. 자신의 분야에서 최고가 된 사람들은 하나같이 확고한 꿈, 간절한 꿈을 가지고 있었다. 그 꿈이 이끄는 대로 나아갔고 마침내 성공이라는 정상에 설 수 있었던 것이다.

그런데 주위를 둘러보면 꿈이 없는 청춘들이 수두룩하다. 그 가운데 한 10대가 보내온 메일을 소개할까 한다.

"안녕하세요. 중학교 3학년 학생인데요, 정말 하루하루 생각 없이 살고 있는 것 같습니다. 제가 성적이 하위권인데 어머니는 형처럼 공부 잘해서 인문계 고등학교를 가라고 닦달하십니다. 하지만 저는 자신도 없고 미래를 생각하면 불안하고 두렵기까지 합니다. 그런데도 공부를 소홀히 하게 됩니다. 이처럼 제가 생각 없이 사는 이유는 간절한 꿈이 없어서인 것 같아요. 어떻게 하면 꿈을 가질 수 있을까요?"

꿈의 부재는 10대들만의 문제는 아니다. 동시대를 살고 있는 20대들 역시 마찬가지다. 다음은 한 20대 여성에게서 온 메일이다.

"시각디자인을 전공한 24살 여자입니다. 예전에 다니던 회사가 부도나는 바람에 일을 그만두게 되었어요. 그 후 실업급여 신청해서 3개월 동안 구직활동을 하지 않고 지냈어요. 지금 지방에 있는 고향 집에 내려와 있는데 마음이 너무 흔들려요. 그렇다고 뭔가 하고 싶은 것도 없고, 떠오르지도 않고요. 하고 싶은 무언가만 있다면 얼마든지 새로 시작할 수 있을 것 같은데……. 한편으로는 지금 무언가 또 다시 하기도 솔직히 겁이 납니다. 제 자신에게 확신이 서지 않아서인 것 같습니다. 꿈도, 목표도, 삶의 의미도 없는 제가 너무나 한심하게 생각됩니다. 사는 게 막막하게만 느껴지고요. 저는 어떻게 해야 할까요?"

나이를 떠나 꿈이 없는 사람들에게는 한 가지 공통점이 있다. 바로 미래를 떠올리면 암울하고 절망적이라는 것이다. 그렇다 보니 불안하고 아프다. 좀 더 깊이 생각해보면 청춘이기 때문에 불안하고 아픈 것이 아니라 꿈이 없기에 불안하고 아프다는 말이다. 그래서 나는 조언을 구하는 메일을 보낸 두 사람에게 시간이 걸려도 확고한 꿈을 찾아야 한다는 답신을 보냈다. 자신이 진정으로 원하는 일을 찾기 전까지는 내면에 잠들어 있는 열정을 깨우지 못하고 과거만 답습하게 될 뿐이다.

2011 베이징오픈대회에서 우승을 차지하면서 세계 정상급 실력을 다시 한 번 입증한 차유람 선수가 있다. 중학교 2학년 시절, 아무도 인정해 주지 않았던 당구의 매력에 푹 빠진 그녀는 고민 끝에 학교를 포기했다.

차유람은 당시를 이렇게 회상했다.

"제가 결정을 했고 아빠한테 그렇게 하게 해달라고 졸랐어요. '학교 다니기 힘들겠어요' 했더니 아빠가 '그러면 네가 하는 선택에 책임을 져라' 말씀하시더라고요."

교복을 입고 학교에 다니는 또래 아이들을 보며 차유람은 자신의 선택을 후회하지 않았을까?

"후회했어요. 18, 19살 즈음 지치고 힘든 상태에서 훈련을 하러 갈 때였어요. 여고생 서너 명이 아무것도 아닌 일에 떠나갈 듯이 웃으며 지나가더라고요. 그런 모습을 보면서 사실 많이 부러웠어요."

그녀는 학업을 포기하면서까지 선택한 당구에 자신의 전부를 걸었다. 미래가 불안하고 막막할수록 더욱더 당구에 전념했다. 당구만 바라보고 달려온 10년의 세월이 지난 지금, 그녀는 '얼짱 당구선수'라는 수식어와 함께 포켓볼 세계랭킹 3위의 실력을 갖춘 국가대표 당구선수로 우뚝 섰다.

차유람 역시 미래를 떠올리면 불안하고 막막했다. 하지만 그녀에게는 '당구로 성공하겠다'는 확고한 꿈이 있었다. 그 꿈의 힘으로 불안함과 막막함을 견뎌낼 수 있었다. 꿈이 있으면 그 어떤 시련과 역경에도 흔들리지 않는다. 때로 흔들리거나 넘어질 때도 있겠지만 곧 다시 마음을 다잡고 일어서게 된다.

김동영의 저서 『나만 위로할 것』에 다음과 같은 구절이 있다.

"젊음이 뭔지 아나? 젊음은 불안이야. 막 병에서 따라낸 붉고 찬란한 와인처럼, 그러니까 언제 어떻게 넘쳐 흘러버릴지 모르는 와인 잔에 가득 찬 와인처럼 에너지가 넘치면서도 또 한편으론 불안한 거야. 하지만 젊음은 용기라네. 그리고 낭비이지. 비행기가 멀리 가기 위해서는 많은 기름을 소비해야 하네. 바로 그것처럼 멀리 보기 위해서는 가진 걸 끊임없이 소비해야 하고 대가가 필요한 거지. 자네 같은 젊은이들한테 필요한 건 불안이라는 연료라네."

그렇다. 청춘은 불안하고 아프다. 나 혼자만 그런 것이 아니다. 또래 다른 아이들 역시 마찬가지다. 불안하고 아프다고 인생에서 가장 중요한 시기인 10대를 무의미하게 보내선 안 된다. 지금 내가 보내는 10대의 시기가 곧 도래할 20대와 30대의 명암을 좌우한다는 것을 기억해야 한다.

지금 불안하고 아프다면 꿈이 없다는 뜻이다. 잠시 다른 것들은 제쳐두고 가장 먼저 꿈을 찾아보길 바란다. 자신이 진정으로 이루고 싶은 꿈을 찾는다면 불안과 통증이 있던 자리에 긍정과 열정이 채워지게 될 것이다.

꿈이 희망이고 시련이 기회다

세상에는 두 부류의 사람들이 있다. 성공한 인생을 사는 사람들과 힘든 인생을 사는 사람들이다. 그렇다면 이 사람들을 하늘과 땅 차이의 격차로 벌어지게 만든 원인은 무엇일까? 그 원인으로 부모의 배경이나 가정환경, 학벌 등을 꼽는 사람도 있으리라 생각한다. 그러나 이보다 근본적인 원인이 있다.

'확고한 꿈!'

성공한 인생을 사는 사람들은 하나같이 확고한 꿈을 가지고 있었다. 그들 역시 모든 것을 놓아버리고 싶을 정도로 힘든 시절이 있었다. 하지만 그들은 힘들수록 자신의 꿈을 믿었고 단단히 붙들었다. 그리고 그 꿈을 실현하기 위해 죽을힘을 다해 분투했다. 믿을 것은 꿈 하나밖에 없었기 때문이다.

힘든 인생을 사는 사람들 역시 공통점이 있다. 바로 꿈이 없다는 것이다. 설사 있다고 하더라도 구체적이지 못하고 두루뭉술하다. 그렇다 보니 꿈이 실현되면 좋고 실현되지 않아도 그만이라고 여기게 된다. 확고하지 못한 꿈을 품고 있기에 하루하루를 대충 살게 되는 것이다.

하늘은 스스로 돕는 자를 돕는다. 아무리 힘든 환경에 놓여 있어도 꿈을 잃지 않고 끊임없이 노력하는 사람에게는 반드시 기회가 찾아온다. 2011년 7월 9일 〈조선일보〉에 '댓글 2,000개가 만든 기적… 사랑의 빵빵커피'라는 기사가 소개됐다.

2010년 9월, 대학에 다니던 스물한 살의 이승미 씨는 하늘이 무너지는 소식을 들었다. 외동딸인 자신을 끔찍이 아끼던 아버지가 급성 간경화 판정을 받은 것이다. 병원에선 24시간 안에 간을 이식받지 못하면 살아날 가망이 없다는 말도 덧붙였다.

그러자 그녀는 의사에게 "제 간을 이식해 주세요."라고 망설임 없이 말했다. 어릴 적부터 자기에게 모든 사랑을 쏟아부은 아버지였기 때문이다. 그녀의 말에 병원 측은 "간 이식은 13시간이 걸리는 대수술인데다가 50cm가 넘는 큰 흉터가 남는다."고 알려주었다. 그러나 그녀는 하나뿐인 아버지를 위해 그 정도는 아무것도 아니라고 생각했다. 마침내 9월 17일, 그녀는 자기 간의 70%를 들어내 아버지에게 이식해 드렸다. 아버지는 건강하게 회복했다.

문제는 그 다음부터였다. 수술비를 대느라 7,000만 원의 빚을 진 것이다. 게다가 용접 일을 하며 가족을 어렵게 부양해 온 아버지가 더 이상 일을 못하게 되면서 그녀가 가장 역할을 맡아야 했다. 2008년 국제요리경연대회 금메달, 2009년 세계요리전시대회 금상 등을 수상한 유망주였던 그녀는 결국 경제적인 어려움 때문에 1학년에 재학 중이던 한국외식조리전문학교를 그만두어야 했다. 학교를 그만두고 등록금을 돌려받아 마련한 180만원으로 16년 된 폐차 직전의 0.5t 트럭을 사 학교에서 배운 바리스타 기술을 활용해 '이동식 커피점'을 시작했다.

수술 후 조금만 일을 해도 어지러울 정도로 몸이 약해져 일을 마치고 집에 돌아오면 파김치가 되었다. 그러나 그녀는 쏟아지는 졸음을 참아가며 음식에 관한 공부를 했다. 반드시 초일류 호텔의 이탈리아 요리 전문가가 되고 싶었기 때문이다.

그러나 현실 속 그녀의 직장은 여전히 '커피 노점상'이었다. 낡은 트럭은 발전기가 자주 꺼졌고 구청 단속 직원들에게도 쫓겨 다니기가 일쑤였다. 그녀는 당시를 회상하며 "또래 여대생들이 커피를 마시러 올 때마다 너무 부러웠다."고 말했다.

이런 그녀의 사연은 싸이월드를 통해 네티즌들에게 알려졌다. 그녀의 이야기에 감동받은 싸이월드와 네티즌들은 2011년 4월, 그녀를 지원하기로 했다. 싸이월드와 네티즌들이 건물 임대료와 설비비를 지원했는가 하면 댓글로 창업 아이디어를 보내주었다. 그녀는 그렇게 많은 사람들의 관심과 도움으로 인천 부평 전철역 앞에 '빵빵커피'를 오픈하게 되었다.

한 달간 2,000여 개의 댓글이 달렸고 재능을 기부하겠다는 인테리어 디자이너도 나섰다. 29.7m²(9평) 크기의 카페는 인테리어에서부터 메뉴 이름까지 모두 네티즌들이 낸 아이디어로 꾸며졌다. 주요 메뉴인 '사이좋은 샌드위치'와 '일촌 커피'의 이름은 네티즌들이 설문으로 뽑았고, 장식품도 네티즌들의 기부로 모았다.

요즘 그녀는 누구보다 행복하다.

"제게는 제 꿈을 응원해주는 2,000명의 얼굴 없는 천사들이 있거든요. 그러니까 얼굴에 늘 웃음이 걸려 있을 수밖에 없어요."

꿈은 신비한 마법을 지니고 있다. 현재의 환경과 능력으로는 도저히 이룰 수 없는 거창한 꿈이지만 그 꿈을 믿고 노력하면 머지않아 이루게 된다는 것이다. 그래서 성공한 사람들은 한목소리로 "꿈을 품어야 한다."고 조언한다. 사실 성공한 사람들 가운데 확고한 꿈을 품지 않은 사람은 단 한 사람도 없다. 이 말이 의미하는 것은 무엇일까? 성공하려면 반드시 확고한 꿈을 가져야 한다는 것이다.

청소년들에게 최고의 롤모델로 꼽히는 안철수는 이렇게 말했다.

"자기 합리화를 하는 순간은, 그 당시는 느끼지 못하지만 자기 평생에 다시는 넘을 수 없는 한계를 만드는 순간이 되는 것입니다. 그래서 다음 기회를 기약한다는 것은 자기 합리화에 불과하고, 다음 기회에도 절대로 다른 선택을 못하는 게 사람입니다. 정말 최선을 다했다 싶은 순간에도 자기 합리화의 순간이 아닌지 자문을 해보면 다른 결과를 얻을 수 있을 것입니다.”

꿈을 향해 나아가다 보면 너무 힘든 나머지 포기하고 싶은 순간이 있다. 이때 포기한다면 딱 그만큼까지밖에 갈 수 없다. 그러나 포기하지 않고 한계를 넘어선다면 그만큼 성장하게 될 뿐 아니라 꿈과 가까워지게 된다.

만화영화 제작자 월트 디즈니는 “꿈을 이루고자 하는 용기만 있다면 모든 꿈을 이룰 수 있다.”고 말했다. 현실이 아무리 척박하고 고단하더라도 꿈이 이루어진다고 믿어야 한다. 그리고 꿈을 이루기 위해 지금 무엇을 해야 하는지 생각해볼 필요가 있다. 꿈을 실현하기 위한 구체적인 전략을 세우라는 말이다.

꿈이 희망이고 시련이 기회라는 것을 잊지 말아야 한다. 무엇보다 아무것도 꿈꾸지 않은 사람들보다 훨씬 많은 것을 이룰 수 있다는 것을 기억해야 한다.

확고한 꿈이 있다면 지치지 않는다

나그네와 여행자의 차이점이 무엇인지 아는가. 바로 가고자 하는 분명한 목적지가 있느냐, 없느냐이다.

나그네 → 목적지가 없다.
여행자 → 목적지가 있다.

나그네는 도달해야 할 목적지가 없기에 바람이 부는 대로 이리저리 나부끼는 낙엽과 같은 신세다. 쉽게 말해 남루하고 초췌한 모습이다.

그러나 여행자는 도달해야 할 목적지가 있다. 가고자 하는 곳이 있기 때문에 여행을 하는 것이다. 그래서 그는 늘 깨어 있고 활기차다. 뿐만 아니라 여행을 할수록 피로가 누적되는 것이 아니라 삶의 경험과 지혜를 얻게 된다. 그 결과 인생의 나이테가 늘어난다.

확고한 꿈이 있는 사람은 여행자처럼 지치지 않는다. 아무리 힘든 일이 앞을 가로막고 있더라도 경험과 지혜를 통해 극복한다. 꿈을 실현하기 위해 자신의 전부를 쏟아 전략과 실행에 집중하게 된다.

미국의 유명한 흑인 인권운동가인 마틴 루터 킹 목사는 1963년 8월 28일 링컨 기념관 앞 계단에서 행한 '일자리와 자유를 위한 워싱턴 행진'이라는 연설에서 이렇게 말했다.

"나에게는 꿈이 있습니다. 언젠가 이 나라가 모든 인간은 평등하게 태어났다는 것을 자명한 진실로 받아들이고 그 진정한 의미를 신조로 살아가게 되는 날이 오리라는 꿈입니다. 언젠가는 조지아의 붉은 언덕 등마루에, 지난날 노예로 살던 이들의 자손들과 노예를 부리던 이들의 자손들이 한 핏줄, 한 동기나 다름없이 의좋게 한자리에 눌러 앉을 수 있으리라는 그런 꿈이 있습니다."

그는 1963년 워싱턴으로 향한 대대적인 비폭력 평화행진을 준비하고 실천했다. 물론 그 과정에서 수없이 투옥되거나 폭행을 당했지만 그는 포기하지 않았다. 그의 끈기 있는 노력과 분투는 50여 년 후 오바마의 '미국 최초 흑인 대통령 탄생'이라는 값진 열매로 귀결되었다.

아르헨티나 출신의 혁명가 체 게바라. 그는 어린 시절부터 절친했던 의대생 알베르토 그라나도와 1952년 남미 여행을 떠났다. 이들은 '라 포데로사'라는 이름의 오토바이를 타고 부에노스아이레스에서 출발해 8개월간 남미 대륙을 횡단하며 칠레와 콜롬비아, 페루, 베네수엘라 등을 둘러봤다.

이 여행에서 게바라는 남미 각국 국민들이 의료 혜택 등 기본적인 권리조차 제대로 누리지 못한 채 가난에 찌들어 사는 모습을 목격하고는 경악했다. 페루의 나병환자 마을에서 깊은 혁명적 영감을 받은 게바라는 여행을 마친 후 의학도의 길을 포기하고 혁명가의 길로 나섰다. 게바라는 피델 카스트로, 라울 카스트로와 함께 1959년 쿠바의 바티스타 정권을 몰아내는 데 성공했다. 그리하여 20세기 혁명의 아이콘이 되었다.

체 게바라는 "무언가를 위해 죽을 각오가 없다면 인생을 살게 해 줄 무언가도 가질 수 없을 것이다."라고 말했다.

나는 그가 말한 '무언가'를 '꿈'이라고 해석한다. 그의 다음 말을 새겨보라.

"우리 모두 리얼리스트가 되자. 그러나 가슴속에 불가능한 꿈을 간직하자."

세상에 불가능한 꿈은 없다. 체 게바라가 불가능한 꿈이라고 말한 것은 그만큼 위대한 꿈을 가져야 한다는 뜻이다. 작고 소박한 꿈을 가져선 결코 자신의 전부를 쏟을 수 없다. 즉 목숨을 걸지 못한다. 자신의 분야에서 최고가 된 사람들은 하나같이 위대한 꿈을 품었고 자신의 모든 것을 걸었다. 그래서 그들에게 '성공한 사람'이라는 수식어가 따라다니는 것이다.

홍콩 창장 그룹 리자청 회장은 아시아 최고 부자이자 중화권에서 가장 존경받는 기업인이다. 그는 스물한 살 무렵 외삼촌이 운영하던 시계 회사를 나와 작은 철물제품 기업의 외판원으로 취직했다. 당시 그가 했던 일은 종일 돌아다니며 철 양동이를 파는 일이었다. 그는 회사 내에서 판매실적 1위를 하겠다는 꿈을 품었지만 생전 처음 해보는 세일즈였던 탓에 판매실적은 늘 하위권이었다.

어느 날 세일즈가 맞지 않다는 생각이 들어 그만둘까를 고민하고 있는 그가 측은해보인 사장은 리자청이 양동이를 팔 수 있도록 호텔 몇 곳을 주선해주었다. 리자청은 설레는 가슴으로 소개받은 호텔로 향했다. 그러나 그의 제품을 사겠다는 호텔은 단 한 군데도 없었다. 작은 업체가 만든 제품은 믿을 수 없다는 것이 그 이유였다. 리자청은 호텔 사장을 직접 만나 설득해보기로 마음먹었다. 그는 호텔 중에서 가장 규모가 큰 그랜드하얏트 호텔로 찾아갔다. 그곳에서 양동이를 산다면 다른 호텔들도 자연스럽게 구입할 것이라고 생각했기 때문이었다.

그러나 그는 정문에서부터 경비원에게 저지를 당했다. 한참 동안의 실랑이 끝에 사장이 있는 호텔 3층으로 올라갔지만 거기에는 사장 여비서라는 장애물이 있었다. 여비서는 그를 한번 훑어보더니 이렇게 말했다.

"지금 사장님께서 무척 바쁘세요. 약속이 안 되어 있다면 사장님을 뵐 수 없습니다."

리자청은 그만 포기하는 수밖에 없었다. 발길을 돌리던 그는 3층 계단 구석에 무릎을 꿇고 앉았다. 이렇게 기다리면 사장이 나올 것이라 생각했던 것이다. 몇 시간 동안 같은 자세로 기다리고 있는 그를 보며 딱한 생각이 든 여비서는 사장에게 이 사실을 알렸다. 사장은 그를 들여보내게 했다.

그러나 사장은 그를 보자마자 불쾌한 표정으로 말했다.

"우리 그랜드하얏트 호텔은 이름 없는 회사에서 만든 물건은 사지 않는다네."

사장은 말이 끝나기가 무섭게 비서에게 리자청을 내보내라고 말했다. 그때 리자청이 사장 앞으로 한 걸음 다가갔다. 그리고 공손하게 말했다.

"사장님께서 저희 공장에서 만든 제품을 거절하시는 것은 저도 이해합니다. 또한 저의 세일즈 방법이 잘못되었다는 것도 알았습니다. 아무래도 전 세일즈에는 영 소질이 없나 봅니다. 저의 세일즈 방식에 어떤 문제가 있는지 조언을 해주시면 안 되겠습니까? 저보다 사회생활을 오래 하신 선배 입장에서 소중한 조언을 해주시길 간곡히 부탁드립니다."

리자청의 말이 끝나자 사장은 호탕하게 웃었다. 그의 용기와 성실성에 감동한 사장이 말했다.

"자네가 세일즈를 할 수 있는 기회를 주겠네. 그러나 우리 호텔에서는 대형 업체에서 생산한 고급 철 양동이만 사용한다는 점을 미리 말해두지."

그러자 리자청이 진지한 어조로 말했다.

"사장님, 그랜드하얏트 호텔에서 사용하는 철 양동이는 카이팅 사의 제품으로 알고 있습니다. 카이팅 사는 매우 유명한 회사지만 그들이 생산하는 제품은 품질면에서는 그다지 좋지 않습니다. 저희는 아연도금판으로 제품을 생산하지만, 카이팅 사는 다른 제품을 만들고 남은 철판으로 양동이를 만듭니다. 그런 뒤 수입산 아연도금판 재로 만들었다고 속여 판매하고 있습니다. 믿지 못하시겠다면 저희가 생산한 제품과 직접 비교해보셔도 좋습니다."

사장은 깜짝 놀라 현재 쓰고 있는 카이팅 사의 철 양동이를 가져오게 해 리자청 기업의 제품과 비교해보았다. 리자청의 말대로 카이팅 사가 생산한 제품에는 자투리 철판을 이리저리 용접한 흔적이 눈에 띄었다. 아연도금 재료를 한층 덧씌워 만들었던 것이다. 크게 분노한 사장은 그 자리에서 리자청과 철 양동이 500개 주문계약을 맺었다.

그 후 리자청은 홍콩의 여러 고급 호텔에도 큰 힘 들이지 않고 계약을 체결할 수 있었다. 그리고 그는 입사한 지 6개월도 안 되어 회사 전체 판매실적 1위를 차지했다.

리자청이 거듭되는 세일즈의 실패에도 아랑곳하지 않고 자신의 일에 전념할 수 있었던 것은 확고한 꿈이 있었기 때문이다. 사실 판매실적 1위라는 꿈은 갓 입사한 그에게는 불가능과 같은 것이었다. 하지만 포기하지 않고 분투한 끝에 그 꿈을 실현할 수 있었다.

그렇다면 확고한 꿈이 사람에게 미치는 긍정적인 영향은 어떤 것일까? 다음과 같은 다섯 가지를 꼽을 수 있다.

① 가슴을 뛰게 한다.

② 최선을 다하면 꼭 실현된다는 확신이 생겨난다.

③ 꿈을 실현할 전략과 실행에 집중하게 한다.

④ 시련과 역경에 처할수록 꿈과 가까워진다고 믿게 한다.

⑤ 실패 속에서 교훈을 얻는다.

쉽게 말해 확고한 꿈을 가슴에 품으면 사는 것이 즐겁고 지치지 않는다. 비록 현실은 고달프더라도 미래에 꿈이 실현된다는 것을 믿기에 주저앉지 않고 치열하게 살 수 있다는 말이다.

소설가 이외수는 이렇게 말했다.

"그대가 그대 인생의 주인이다. 누구나 가슴 속에 청춘이 숨어 있다. 잡다한 꿈들을 모두 버리고 오로지 한 가지 꿈에 순정을 바칠 결심을 하라. 평생을 바쳐도 아깝지 않은 꿈, 그러한 꿈 하나를 찾을 수 있다면 그것으로 크나큰 가치를 인정받을 수 있다."

지금 여러분은 청춘이다. 젊어서가 아니라 가슴속에 담대한 꿈을 품고 있기에 청춘이다. 꿈이 희망이고 시련과 역경이 기회라는 것을 기억하라. 그리고 지금 각자가 품고 있는 그 꿈이 반드시 실현된다는 것을 믿어라.

02

지금 하는 공부가 답이다

대학교육을 받지 않는 상태에서
연봉 4만 달러(약 4,500만 원)가 될 것이라고 상상도 하지 마라.
공부밖에 할 줄 모르는 '바보'한테 잘 보여라.
사회 나온 다음에는 그 '바보' 밑에서 일하게 될지 모른다.

— 빌 게이츠 (마이크로소프트사 창업자)

지금 하는 공부가 답이다

한 중학생으로부터 한 통의 메일을 받았다. 메일에는 대부분의 학생들이 비슷하게 겪는 공부에 관한 고민이 담겨 있었다.

"저는 방학을 흐지부지 보내고 있는 중3입니다. 요즘 들어 부쩍 공부에 대해 고민을 많이 하고 있습니다. 그렇다고 공부가 하기 싫은 건 아닌데 책만 보면 계속 딴생각이 나서 집중이 되지 않아요. 다시 의지를 잡고 하려 해도 작심일초가 되어버리고 맙니다. 이런 제 자신을 생각하면 정말 한심하기도 하고 미래에 대한 불안감도 듭니다. 항상 해야지, 해야지 마음만 먹다가 결국 시험이 오면 벼락치기를 해버려요. 무엇보다 저는 공부하는 이유를 모르겠어요. 물론 한마디로 잘 먹고 잘살기 위해 하는 것이겠지만요. 지금 세상은 겉으로는 아닌 척하지만 무엇을 하든 능력부터 보고 어느 대학교를 졸업했는가를 중요시합니다. 정말로 공부란 무엇인지, 공부를 하는 이유가 무엇인지, 공부할 때 집중력을 강하게 하는 방법은 무엇인지, 한 마디로 공부에 대해 물어보고 싶습니다.”

공부에 대한 고민을 가지고 있다는 것은 결코 나쁜 것이 아니다. 고민을 하고 있다는 말은 그 문제에 대한 원인을 찾기 위해 고심하고 있다는 뜻이기 때문이다. 이런 학생은 시간이 지나면서 왜 공부를 해야 하는지를 알게 되며 자신만의 공부 스타일을 찾게 된다.

정말 문제인 것은 성적이 바닥인데도 공부에 대한 고민 자체가 없는 것이다. 고민을 하지 않는다는 것은 현실에 만족한다는 뜻이다. 따라서 공부를 더 잘하기 위한 노력으로 이어지지 않는다. 이렇게 중학교 3년, 고등학교 3년을 남들보다 편안하게 보낸다. 그 결과, 암울하고 절망적인 미래를 맞이할 확률이 높다.

청소년들을 대상으로 하는 강연에서 종종 “공부 왜 하는 걸까?”라는 질문을 한다. 대부분 “꿈을 이루기 위해서.” “잘살기 위해서.”라고 답한다. 그런데 흥미로운 것은 이렇게 답하면서도 구체적인 꿈과 목표를 가진 학생은 몇 안 된다는 것이다. 주변사람들로부터 들은 공부의 이유를 자신이 찾은 것처럼 말하는 것이다. 이런 학생들은 십중팔구 좋은 성적을 거두지 못하고 있다.

서울시장 박원순. 그는 학창시절 이름난 공부벌레였다고 한다. 과연 그는 어떤 계기로 공부벌레가 되었을까? 그의 말을 들어보자.

“집안이 워낙 가난했어요. 부모님이 열심히 사시는 모습을 보고 공부를 해야겠다는 생각이 절실했습니다. 부모님은 농사를 지으셨는데 밤 늦게까지 밭에 나가 일하시는 것을 보면서 '정말 제대로 살기 위해선 공부를 해야겠구나'라는 생각이 들었습니다."

그는 어떤 식으로 공부를 했을까?

"특별한 공부방법이 있었던 것은 아닙니다. 교과서와 문제집을 달달 외웠습니다. 왜 공부를 해야 하는지 알고 하니 집중력이 향상되었습니다. 그러다 보니 한번 외운 것은 잘 잊어버리지 않았습니다."

직장인들에게는 성과가 답이듯 학생들에게는 공부가 답이다. 지금 하는 공부에 직업, 배우자, 인간관계 등 남은 인생이 결정된다고 해도 과언이 아니다. 그렇다면 공부를 잘하기 위해선 어떻게 해야 할까? 답은 간단하다. 다음의 과정을 거치면 된다.

공부에 대한 동기 확립

↓

롤모델 설정

↓

공부에 대한 긍정적인 사고 전환

↓

공부가 인생에 미치는 영향 인지

↓

자신에게 맞는 공부 스타일 찾기

공부를 잘하는 우등생들은 모두 앞의 단계를 거쳤다. 그 결과 선생님과 부모님이 채근하거나 강요하지 않아도 스스로 알아서 공부하는 것이다. 공부를 해야 하는 동기뿐 아니라 공부가 자신의 인생에 미치는 영향에 대해 깨달은 만큼 공부가 재미있게 생각된다. 따라서 자연스럽게 공부를 멈출 수 없는 것이다.

인생의 성공여부를 떠나 학교 공부는 다음의 두 가지를 깨닫게 한다.

① 인내심을 배운다.

② 기본적인 학습능력을 갖춘다.

사실 공부는 쉬운 일이 아니다. 하지만 그런 힘들고 고달픈 공부를 함으로써 인내를 몸소 익히게 된다. 또한 세상을 살아가는 데 있어 기초가 되는 기본적인 학습능력까지 갖추게 된다.

마이크로소프트사 창업자인 빌 게이츠는 이렇게 말한 바 있다.

"인생이란 공평하지 않다는 사실에 익숙해져라. 그런 현실에 대하여 불평할 생각하지 말고 받아들여라."

"공부밖에 할 줄 모르는 '바보'한테 잘 보여라. 사회 나온 다음에는 그 '바보' 밑에서 일하게 될지 모른다."

쉽게 말해 공부할 수 있을 때 죽을힘을 다해 하라는 말이다. 마음껏 공부할 수 있는 10대 시절이 지나고 나면 시간이 가면서 '그때 헛

되이 보낸 시간들이 내 인생을 망쳤다는 것'을 깨닫게 된다. 그러나 기회의 버스는 이미 떠나고 난 뒤다.

지금 하는 공부가 답이다. 지금 여러분이 어떤 환경에 처해 있건 상관없다. 현재 딛고 서 있는 땅이 거칠고 척박한 자갈밭이라고 해도 공부에 자신의 전부를 걸면 그 밭은 향기로운 꽃밭으로 바뀌게 된다. 지금 여러분은 자신의 운명을 바꾸는 위대한 일을 하고 있다는 것을 기억해야 한다.

공부는 방법의 문제가 아니라 동기의 문제다

우등생과 열등생의 차이점은 무엇일까? 높은 IQ, 남부러울 것 없는 집안 환경, 고액 과외 등 일일이 열거하자면 헤아릴 수 없이 많다. 그러나 이런 것들은 표면적인 차이점일 뿐 근본적인 원인은 되지 못한다. 나는 우등생과 열등생의 차이는 동기에 있다고 확신한다. 우등생들은 하나같이 공부에 대한 확고한 동기가 있는 반면에 열등생들은 동기가 없거나 모호하기 때문이다.

1,500명의 중·고등학생들에게 '나에게 공부란 무엇인가?'라는 설문조사를 했다. 다양한 대답들을 다음과 같이 TOP 10으로 정리했다.

① 꿈을 이루어주는 수단

② 견디기 힘든 고문

③ 하기 싫어도 억지로 해야 하는 것

④ 원하는 직장을 얻기 위해 하는 것

⑤ 부모님이 시켜서 억지로 하는 것

⑥ 잘 모르겠다.

⑦ 성공 씨앗

⑧ 잘 먹고 잘살기 위해 하는 것

⑨ 수면제

⑩ 부모님을 기쁘게 해드리기 위해 하는 것

공부를 '꿈을 이루어주는 수단' '성공 씨앗'이라고 답한 학생들은 성적이 상위권이었다. 그러나 그 외에 공부가 고문으로 생각된다거나 수면제라고 답한 학생들의 성적은 하위권이었다. 이것이 말하는 것은 무엇이겠는가? 공부를 잘하고 싶다면 먼저 공부를 왜 해야 하는지에 대한 동기를 찾아야 한다는 말이다. 공부를 해야만 하는 명확한 이유를 찾는다면 공부는 저절로 하게 된다.

2011년 7월, 한 일간지에 홍익대학교 학생들이 큰일을 해냈다는 기사가 소개되었다. 세계적인 디자인하우스와 대학생들을 제친 주인공들인 산업디자인학과 안드레, 김청주, 이상석 학생은 이탈리아의 세계적 명품 자동차 회사 페라리가 주최한 '페라리 월드디자인 컨테스트 2011'에서 1위에 입상해 주목을 받았다.

이 대회에는 페라리가 학생들의 졸업 작품과 업계 인지도 등을 파악해 선정한 전 세계 50개 대학의 학생들만이 참가할 수 있다. 따라서 출전하기도 힘들뿐더러 입상하기는 더더욱 힘들다. 이 대회는 한국에는 그다지 잘 알려져 있지 않지만, 그 분야의 전문가들에 의하면 이 대회에서 우승한다는 것은 올림픽에서 금메달을 획득한 것이나 다름없다고 한다.

'페라리 월드디자인 컨테스트 2011'의 심사 기준은 매우 까다롭기로 정평이 나 있다. 심사 기준은 이렇다.

- 친환경적이면서도 파워풀할 것
- 하이퍼테크놀로지를 활용할 것
- 새롭지만 페라리다울 것
- 어느 각도에서 봐도 아름다울 것
- 공기역학에 최적화된 디자인일 것

이들 가운데 안드레 씨는 '내가 페라리 디자인 총괄자라면 어떤 의도를 갖고 이 대회를 여는 걸까?'를 계속해서 생각했다고 한다. 쉽게 말해 21세기 친환경 시대에 기름을 많이 먹는 슈퍼카가 유지되기 위해선 어떤 해결책이 필요할지 고민했다는 뜻이다. 그리고 고민 끝에 '21세기형 슈퍼카'에 대한 해답을 나름대로 찾을 수 있었다.

사실 안드레 씨는 자동차를 좋아하는 아버지의 영향으로 어린 시절부터 자동차에 관심이 있었지만 그와 관련하여 대학 진학에 대한 필요성을 느끼지 못하다가 21세가 되어서야 대학에 입학하기로 마음을 먹었다. 자동차에 대해 체계적으로 배워야겠다는 목표가 생긴

것이다. 그는 대학에 가기로 결심한 것을 살면서 가장 잘한 일 가운데 하나로 꼽는다.

그는 당시를 이렇게 회고했다.

"대학에 가자는 결심을 하고 중고교 검정고시를 봤어요. 실기와 수능을 1년간 준비해 2007년 수능시험을 봤죠. 인터넷 강의를 보며 공부하는 게 정말 힘들었어요."

나는 문득 이런 생각이 들었다.

'만약에 안드레 씨가 대학에 진학하지 않았다면?'

분명 그는 자동차에 대한 체계적인 공부를 하지 못했을 것이다. 또한 '페라리 월드디자인 컨테스트'라는 대회가 있는지도 몰랐을 것이다. 지금 자신의 전부와 같은 자동차는 그저 취미 정도에 지나지 않았을지도 모른다.

그는 대학에 가기 위해 분투하며 공부했다. 그 과정에서 너무 힘든 나머지 포기하고 싶은 유혹에도 시달렸을 것이다. 그럼에도 안드레 씨는 공부를 포기하지 않았다. 대학에 들어가야만 하는 확고한 동기가 있었기 때문이다. 그 결과 중고교 검정고시를 통과할 수 있었고, 지금은 자신의 미래를 눈부시게 창조해가고 있다.

공부는 방법의 문제가 아니라 동기의 문제이다. 2008년 한국교육개발원은 수능 상위 1% 안에 속한 학생들의 공통점이 무엇인지 조사를 실시한 결과 다음과 같은 세 가지를 알 수 있었다.

첫째, 수능 상위 1% 학생들은 자신이 공부를 왜 해야 하는지 분명히 알고 있었다. 즉 자신만의 학습 동기가 있었다는 뜻이다.

둘째, 매일 같은 시간에, 같은 것을 꾸준히 하는 습관이 있었다. 습관을 통한 학습 시스템이 몸에 배어 있었던 것이다.

셋째, 1등을 하기 위한 공부보다 만점을 받기 위한 공부를 했다. 1등을 하기 위한 공부는 비교와 경쟁, 열등감을 느끼게 하지만 만점을 받기 위한 공부는 자기 자신과의 싸움이 된다. 그래서 경쟁이라는 부담 없이 홀가분하게 공부할 수 있었다.

서울 삼성동 트레이드타워에서 20여 년간 구두를 닦는 오십대 후반의 김봉희 씨. 그는 손님들에게 10년 가까이 짤막한 메모지를 건네고 있다고 한다.

"이 부분은 해석이 어려워요."

"미적분 문제에 대한 답을 찾는 과정을 알려주세요."

수학과 영어문법 등 어려운 문제들로 가득한 메모였다. 처음에 메모지를 건네받은 손님들은 의아해했다. 구두 닦는 사람이 별것을 다 물어본다는 반응도 있었다. 그러나 그가 이런 메모지를 손님들에게 건네는 것은 배움에 뒤늦게 목이 말라서가 아니다. 그의 메모지에는 자식들의 미래를 염려하는 아버지의 사랑이 깃들어 있다.

그는 손님들에게 메모지를 건네는 이유를 이렇게 말한다.

"자식을 잘 가르치고 싶은 마음은 여느 부모와 같아요. 하지만 배움도 짧고 학원 보낼 형편도 안 되다 보니 이런 방법을 택하게 되었어요.”

　빠듯한 형편 탓에 학원에 다니지 못하는 네 아들은 공부하다 막히는 문제가 생기면 아버지에게 묻기 시작했다. 그때마다 그는 난감했다. 그는 고심하던 중에 한 가지 아이디어를 떠올렸다. 아이들에게 아침마다 메모지에 질문을 적게 한 것이다. 그리고는 이렇게 말했다.

　“아버지가 일 다녀와서 알려주마.”

　신기하게도 퇴근 후 그는 아들들이 궁금해하는 답을 척척 알려주었다. 이때부터 4형제는 어려운 문제에 봉착하면 아침마다 메모를 남겼다. 이런 아버지의 노력 덕분에 자식들은 모두 학원 한 번 다니지 않고 좋은 성적을 받았다.

　최근 셋째 아들이 신의 직장으로 꼽히는 국내 최대 공기업 한국전력에 입사했다. 그는 “예닐곱 번 정도 아버지 메모의 도움을 받았다. 적다면 적은 횟수지만 공부하다 막혀 골몰하던 때 큰 힘이 되었다.”고 말했다.

　사실 김씨도 처음에는 손님들에게 문제를 적은 메모지를 건넨다는 것이 창피했다. 그러나 자식들의 미래를 위한 것이라고 생각하자 더 이상 부끄럽다는 생각이 들지 않았다.

　“능력 없는 아버지다 보니 그런 염치는 일찌감치 없어졌어요. 나중에 메모지의 진실을 알게 된 아들들이 부끄러워하지 않고 질문이 생기는 족족 메모를 남겨줘 고마웠어요.”

그가 건네는 메모지에 의아해하던 손님들도 차츰 먼저 손을 내밀기 시작했다. 그들 중에는 아예 명함을 주면서 "다음부터는 아이들에게 바로 전화하게 하라."고 하는 사람도 있었다고 한다.

성적이 저조하거나 공부가 수면제로 여겨지는 사람은 오늘 당장 공부의 동기를 찾아야 한다. 공부의 동기가 없거나 약하기 때문에 공부에 대한 열정이 생기지 않는 것이다. 공부의 동기를 찾는다고 해서 거창하게 생각할 필요는 없다. 다음 두 가지를 고려해서 학습 동기를 찾아보라.

① 지금 하는 공부는 내 꿈과 미래와 어떤 상관관계가 있을까?
② 지금 열심히 공부하지 않으면 고등학교 졸업 후 나는 어떤 모습을 하고 있을까? 5년 후, 10년 후 나는 어떤 인생을 살고 있을까?

마지막으로 학습 동기를 더욱 강하게 해주는 조언을 할까 한다. 지금 여러분의 단기적인 목표가 SKY대학에 들어가는 것이라고 가정하고서 말하겠다.

첫째, 가까운 시일 내에 꼭 한 번 자신이 원하는 대학을 탐방해보자.

둘째, 자신이 가고자 하는 학과를 찾아가 형, 언니들에게 학과 공부에 대해 궁금한 것을 물어보자.

물론 이것은 용기를 필요로 하는 일이다. 그러나 자신의 미래가 걸려 있는 일이라고 생각하고 용기 내기를 바란다. 이렇게 대학 탐방을 마친 후 꼭 사진을 찍어두라. 그리고 그 사진을 책상 앞에 붙여 놓고 수시로 들여다보며 그 대학에 다니고 있는 자신의 모습을 상상해보라. 분명 공부를 하고 싶은 강한 열망에 휩싸이게 될 것이다.

공부를 해야 하는 절박한 이유를 찾아라

공부를 잘하는 학생들에게는 한 가지 공통점이 있다. 공부를 해야 하는 '절박한 이유'를 알고 있다는 것이다. 사람에 따라 절박한 이유는 각기 다르겠지만 핵심은 상통한다. '지금 공부하지 않으면 나는 죽는다'는 것이다. 꼭 목숨을 잃어야 죽는 게 아니다. 남은 미래가 암울하고 절망적이면 그 역시 죽은 인생이나 다를 바 없다.

열등생에게는 다섯 가지 유형이 있다.

① 공부하는 데 조건을 단다.

② 인생관만 그럴듯하다.

③ 선생님의 실력이 부족한 탓이라고 핑계 댄다.

④ 수업시간에는 떠들고 쉬는 시간은 악착같이 챙긴다.

⑤ 아는 체를 잘한다.

사실 열등생 가운데 성적이 10등 올라가면 컴퓨터를 사달라거나 자전거를 사달라는 등의 조건을 다는 경우가 많다. 이는 지금 하는 공부가 결과적으로 누구를 위한 것인지 모르고 있다는 뜻이다. 그러면서 사회에 꼭 필요한 사람이 되겠다, 역사의 한 페이지를 장식하겠다는 등의 거창한 인생관을 가지고 있다. 그러나 불행히도 세상은 학창시절 공부와 담 쌓은 사람을 외면하는 시스템을 가지고 있다. 왜냐고? 세상의 시스템은 우등생들이 만들어가기 때문이다.

공부를 잘하기 위해선 이런저런 변명이나 핑계를 대지 말아야 한다. 공부를 못할 수밖에 없는 핑곗거리를 만드는 순간부터 성적 그래프는 하향 곡선을 그리게 된다. 모든 일이 그렇듯이 공부 역시 절박함을 가지고 있어야 한다. 절박함 없이는 절대 공부를 잘할 수 없다. 절박함은 공부를 꾸준히 하게 만드는 에너지이기 때문이다.

세라젬 헬스앤뷰티 조서환 대표. 그는 자신의 성공 비결을 절박함에서 찾는다. 집이 워낙 가난했던 탓에 그는 학교를 공짜로 다닐 수 있는 삼군사관학교를 택했다. 칠갑산자락 아래 빈농의 아들, 10남매 중 다섯째가 할 수 있는 유일한 선택이었던 것이다. 그러던 어느날, 수류탄 투척 훈련 중 사고가 났다. 머리 위에서 수류탄이 터졌는데 눈을 떠 보니 병원이었고 오른팔을 잃었다. 그렇게 그는 의가사 제대를 해야 했다.

당시 그는 눈앞이 캄캄했다. 오른손잡이였던 만큼 생활 자체가 힘들었다. 무엇보다 장애인이 되었다는 현실이 가슴을 옥죄어왔다.

혼자서는 밥을 먹거나 글을 쓸 수도 없어 늘 누군가의 도움을 필요로 했다. 주변 사람들에게 폐만 끼치느니 죽는 게 낫다고 생각했다. 그는 당시를 이렇게 회상한다.

"마지막이라고 생각하고 사랑하는 사람을 불러달라고 했어요. 그리고 물었죠. 나를 사랑하느냐고. 말없이 고개를 끄덕이더군요. 그때 저는 목숨이 붙어 있는 한 그 사람을 행복하게 해주겠다고 마음먹었습니다. 영어를 워낙 좋아해 영어공부에 승부를 걸고 영문과에 입학했습니다. 그리고 대학 2학년 때 그 사람과 결혼해 현재까지 살고 있습니다."

지금은 남부러울 것 없는 탄탄대로에 서 있지만 과거의 그가 딛고 서 있던 곳은 자갈밭이었다. 그가 기업에 취직하는 것은 쉽지 않았다. 오른팔을 잃은 장애인을 받아주는 회사는 없었던 것이다. 국가유공자 가산점제도가 있었지만 매번 면접에서 떨어지는 아픔을 겪어야 했다. 그는 마지막이란 심정으로 애경그룹에 이력서를 냈다. 그러나 이번에도 면접 도중 퇴장 통보를 받았다. 이력서에다 장애인이라는 것을 기재하지 않았다는 것이 그 이유였다.

"불행 중 다행인 게 얼굴에 수류탄 파편이 없습니다. 장애를 적지 않고 이력서를 냈고 잘 되나 싶었는데 어느 순간에 면접관이 면접을 중단시키고 나가라고 하더군요. 팔이 없어 사회에서 받아주지 않는 아들을 데리러 아버지가 왔습니다. 아버지가 우는 모습을 그때 처음 봤습니다."

아버지의 눈물을 본 순간 그는 면접실로 무작정 뛰어들어갔다. 문을 박차고 들어가 그동안의 설움을 하소연했다. 합격을 시켜달라는 것이 아니었다. 일을 하는 데 신체적 장애는 문제가 되지 않는다는 것을, 다음에 비슷한 사람이 왔을 때는 똑같은 상황이 연출되지 않았으면 한다고 한바탕 쏘아붙이고 돌아서는데 누군가 그를 불렀다. 그때 당시를 그의 육성으로 들어보자.

"후덕한 인상의 여자가 절 불렀습니다. 지금의 장영신 회장이었습니다. 서류를 다시 들춰보더니 지금까지 한 말을 영어로 할 수 있겠냐고 묻더군요. 욱한 마음에 막 내뱉었던 말이라 기억이 나지 않아 에라 모르겠다, 하는 마음으로 하고 싶은 얘기를 영어로 다 했습니다. 장영신 회장은 자기 혼자 뽑는 게 아니니 돌아가 있으라고 하더군요. 그리고 몇 시간 뒤 합격 통보 전화를 받았습니다."

조서환 대표는 사람들에게 "한 손으로도 골프를 칠 수 있다."고 말한다. 그러면서 그는 쉽게 좌절하거나 포기하려는 사람들에게 "세상 일 중에서 안 되는 것은 없다. 힘든 일이 있을 뿐이다. 힘들다고 포기해선 아무것도 얻을 수 없다. 노력하면 누구든 성공할 수 있다."고 격려한다.

절박함으로 인생을 바꾼 또 다른 인물이 있다. 변호사 출신의 고승덕 국회의원이 그 주인공이다. 그는 경기고등학교와 서울대학교를 졸업한 뒤 사법고시, 외무고시, 행정고시 3과에 합격한 '공부의

신'으로 불린다. 하지만 그는 자신에게 특별한 공부비법 같은 것은 없다고 말한다. 그러면서 자신이 공부를 잘하게 된 비결로 '절박함'을 꼽는다.

그는 고등학교 2학년 때 수학 45점이라는 점수를 받은 적이 있을 정도로 평범했다. 당시 그는 대학 진학이 어렵겠다는 선생님의 말에 큰 충격을 받게 된다. 하지만 집안이 그리 부유한 편이 아니었기 때문에 과외를 받을 수도 없는 노릇이었다. 발등에 불이 떨어진 그는 '벼랑 끝의 나무 위에 대롱대롱 매달려 절대 손을 놓치지 않겠다'는 각오로 공부했다.

그는 6개월 간 지독하게 공부했다. 그렇게 공부한 결과 그해 9월 2학기 때 400점 만점에 400점을 받았다. 그것을 계기로 공부에 자신감이 생겼고, 매 시험마다 1, 2등을 할 수 있었다. 그는 하루에 17시간씩 공부했는데 그 비결을 이렇게 말한다.

"밥 먹고 소화시키는 데 걸리는 한 시간을 아끼기 위해 책상에서 공부하며 비빔밥을 먹었어요. 씹는 시간을 단축하려고 모든 재료를 잘게 썰어 달라고 어머니에게 부탁하고 고기는 가루고기만 먹었습니다. 그러니까 하루 17시간씩 공부하는 게 가능해지더라고요."

지금보다 더 절박해져라. 절박해지지 않고선 절대 최고의 성적을 거둘 수 없다. 지금 여러분의 직업은 학생이다. 학생이라는 직업에서 성과를 발휘하지 못하면 그 이후의 미래는 암담하다. 미래는 지금 여러분의 중·고등학교 성적표와 대학 성적표, 졸업장과 이어져 있기 때문이다.

공부를 통해 눈부신 미래를 창조해가는 박철범은 저서 『하루라도 공부만 할 수 있다면』을 통해 가난으로 힘겨웠던 10대 시절, 공부가 얼마나 절실했는지 고백하고 있다.

박철범에게 절박함은 중·고등학교를 일곱 번이나 전학 다녀야 했던 불안정한 가정환경과 항상 꼴찌라는 열등감으로부터 벗어나게 해준 일등공신이었다.

그는 공부를 통하지 않고선 절대 성공하는 인생을 살 수 없다는 생각을 하게 된다. 그리고 더 이상 물러설 수 없다는 결심으로 공부하기 시작했다. 죽을힘을 다해 공부한 결과 6개월 만에 1등을 하게 되었는가 하면 서울대에 합격하는 쾌거를 이루었다.

사람은 절박한 순간에 초인적인 힘을 발휘하게 된다. 이는 일, 공부를 떠나 모든 분야에서 적용된다.

1982년의 어느 날, 안젤라 카발로의 아들 토니는 차체를 콘크리트 블록과 잭으로 들어 올린 하얀색 시보레 임팔라 밑에서 차를 정비하고 있었다. 토니가 서스펜션을 만지작거리고 있을 때 시보레가 덜커덕 흔들리며 지지에서 벗어났다. 차체가 지면에 부딪치는 과정에서 토니는 정신을 잃고 말았다.

잠시 후 아들의 작업이 잘되어가는지 보기 위해 나온 안젤라는 경악했다. 그녀의 눈에 차 밑으로 튀어나와 있는 아들의 다리가 보였기 때문이었다. 그녀는 차 아래로 손을 뻗어 반짝거리는 금속제의 펜더를 붙잡았다. 시보레의 무게는 1,565킬로그램이었지만 가까스로 몇 센티미터 들어 올려 아들에게 하중이 실리지 않도록 했다. 그녀가 발끝으로 아들을 건드려보았지만 아들은 움직이지 않았다.

"토니, 어서 나와!"

안젤라는 큰소리로 외쳤다. 그러나 아들에게선 아무런 반응이 없었다. 그녀는 상황이 심각하다는 생각에 자신도 모르게 시보레를 들어 올리기 시작했다. 51세, 키가 172센티미터인 그녀는 펜더가 손바닥을 파고드는 가운데 근육을 부들부들 떨면서 한참을 서 있다가 그 광경을 본 사람들의 도움으로 아들을 무사히 구해낼 수 있었다. 모성애의 힘으로 아들은 상처 하나 입지 않았다.

그녀는 당시를 이렇게 회고했다.

"아드레날린이 온몸에 솟구쳤어요. 무의식중에 번쩍 들어 올렸습니다. 시보레를 들지 못하면 아들이 죽을지도 모른다는 생각이 강하게 들었지요."

사실 호리호리한 중년 여성이 자동차를 든다는 것은 상식적으로 납득이 되지 않는다. 그러나 아들의 목숨이 달린 절박한 상황에 놓이게 되면 이야기는 달라진다. 초인적인 힘이 발휘되기 때문이다.

그래서 나는 학생들에게 공부에 절박함을 이용하라고 말한다. 공부해야만 하는 절박한 이유를 찾게 되면 공부는 저절로 되기 때문이다. 공신들 중에 절박한 이유가 없는 사람은 단 한 사람도 없다는 것을 기억하라. 그들이 공부에 집중할 수 있었던 것은 살기 위해서였다. 여러분도 그런 절박한 이유를 찾아야 한다. 그 절박한 이유가 여러분을 즐거운 공부의 세계로 이끌 테니까.

공부보다 더 재미있는 것들을 멀리하라

거듭 말하지만 강의를 통해 수많은 학생들을 접해본 결과, 성적이 높은 학생일수록 공부하는 이유가 명확했다. 도달해야 할 목적지가 확실했기 때문에 공부보다 더 재미있는 것들을 멀리할 수 있었다. 그러나 안타깝게도 대다수의 학생들은 공부보다 더 재미있는 것들에 에너지와 시간을 낭비한다. 그렇다면 효과적인 공부를 위해 멀리해야 할 부정적인 요소에는 어떤 것들이 있을까?

2011년 서울대 사회과학 계열에 입학한 배지현 양의 사례를 살펴보자.

중학교에서 전교 1, 2등을 하던 배 양은 3학년 때 이성 교제와 인터넷에 빠져 전교 150등까지 떨어진 적이 있었다. 당시 그녀는 메신저 채팅과 미니 홈피 관리로 하루 네 시간 이상을 소비할 정도로 인터넷에 심하게 빠졌다.

부모님은 하루가 멀다 하고 그녀에게 잔소리를 했다.

"또 인터넷 하니?"

"지금 공부 안 하면 평생 힘든 일하며 살아야 된다."

"네 미래는 지금 너 하기에 달렸단다."

그러나 고등학교에 들어가서도 성적은 계속 떨어졌고 공부에 대한 자신감마저 저하되었다.

그러던 어느 날 그녀는 문득 이런 회의감이 들었다.

'5년 후, 10년 후의 나는 어떤 모습일까?'

절망적이고 암울한 자신의 모습이 그려졌다. 그러자 더 이상 이렇게 생활해선 안 되겠다는 생각이 들었다. 부모님의 잔소리도 잔소리로 느껴지지 않았다. 정말 자신을 아끼고 사랑하는 마음에서 나오는 인생 교훈으로 여겨졌다.

배 양은 이성 교제와 인터넷은 대학에 들어가서도 할 수 있다는 생각으로 공부에만 집중했다. 그러나 정신을 차리고 공부에만 전념하기는 마음처럼 쉽지 않았다. 인터넷 강의를 듣기 위해 컴퓨터를 켜면 어느새 친구와 메신저를 하고 있었다. 온갖 잡생각들이 끊임없이 머릿속에 떠올라 도무지 공부에 집중할 수가 없었다. 그녀는 정말 이대로는 안 되겠다는 위기의식이 들었다. 그래서 독한 마음으로 공부에 방해가 되는 4가지 요소인 이성 친구, 미니 홈피, 메신저, 휴대전화를 끊기로 결심했다.

그녀는 또다시 인터넷과 이성 친구의 유혹에 빠지지 않기 위해 학원에 가지 않고 혼자 공부하는 방법을 선택했다. 그 대신 학교 수업 시간에 선생님의 말씀을 최대한 귀 기울여서 듣고 부족한 부분은 TV 강의로 보충했다. 유명 인터넷 강의들이 많았지만 다시 인터넷에 중독될 여지를 남겨두지 않기 위해서였다. TV 강의는 재방송을 보기가 불가능했기 때문에 그만큼 집중해서 시청해야 했다. 그리고 참고서와 문제집으로 그날 배운 단원을 심화학습하며 완전히 이해될 때까지 개념을 익히고 문제 풀기를 반복했다. 그동안 공부에 소홀했던 시간들을 만회하기 위해 미친 듯이 공부했다.

이런 지독한 노력 끝에 전교 150등까지 떨어졌던 성적을 1등급으로 끌어올릴 수 있었다. 뿐만 아니라 서울대에 합격하는 쾌거를 이루었다.

한정된 시간에 집중도 있는 공부를 하고 싶다면 공부에 방해되는 요소들을 과감하게 차단해야 한다. 공부보다 더 재미있는 것들에 정신이 팔려 있으면 공부가 안 되는 것은 당연지사다. 다시 말하지만 공부를 잘하고 싶다면 공부보다 더 재미있는 것들을 멀리해야 한다. 공부를 방해하는 요소로는 크게 여섯 가지를 들 수 있다.

① 컴퓨터

컴퓨터를 반드시 가족들이 공유하는 거실에 두어 컴퓨터 게임이나 인터넷에 너무 깊게 빠져 들지 못하도록 사전에 통제해야 한다.

② 핸드폰

핸드폰은 우정을 나누는 도구로서의 기능보다는 공부하는 데 집중력을 흐트려놓는 역기능이 훨씬 더 크다. 핸드폰을 사용하게 되면 상대적으로 전화를 사용하는 횟수가 빈번해지고 통화시간도 길어져 그만큼 공부하는 시간을 빼앗기게 된다.

③ 이성 친구

책을 봐도 내용은 들어오지 않고 이성 친구의 모습만 아른거리게 된다. 제대로 된 공부를 하기 위해선 반드시 이성 친구와의 교제를 단절해야 한다. 이성 친구는 대학에 들어가서 사귀어도 늦지 않다.

④ 지나친 수면

영국의 사우스앰프턴대학 연구팀은 1973~74년 영국보건부의 조사에 참가했던 65세 이상의 남녀 1,229명을 대상으로 면밀히 조사한 결과 수면시간을 9시간으로 제한하는 사람들이 12시간 이상 자는 사람들에 비해 1.5배 더 오래 산다는 사실을 확인했다. 지나친 수면은 이처럼 수명 감소는 물론 시간 낭비와 집중력 방해로 이어진다. 따라서 적절한 양의 수면을 취하는 것이 좋다.

⑤ TV 시청

TV 시청이 초등학생은 평균 3점을 낮추고 중학생은 평균 6.3점을 낮추고, 고등학생은 평균 8~10점을 낮춘다는 연구 결과가 있다. 따라서 TV는 컴퓨터와 마찬가지로 거실에 두는 것이 좋다. 그래야 자신도 모르는 사이에 TV에 빠져드는 것을 방지할 수 있다.

⑥ 계획 없는 생활

책상에 앉아 공부는 하지 않고 멍하니 있거나 연습장에다 낙서만 하는 학생들이 있다. 그러다 시험 기간이 다가오면 벼락치기를 하는 학생들의 특징은 계획이 없다는 것이다.

하루 계획을 다이어리나 작은 수첩, 달력 같은 곳에 적어보라. 그리고 제대로 실천했으면 O, 못 지켰으면 X, 중간이면 △, 이렇게 표시를 해두면 그날의 계획 달성 여부를 측정할 수 있다. 무엇보다 계획을 세우면 의미 없이 보내버리는 시간을 줄이는 데 효과적이다.

그동안 나는 많은 공신들을 만났다. 그들과의 인터뷰를 통해 공신으로 가는 특별한 비결은 따로 없다는 것을 깨달았다. 공신들 역시 확고한 꿈을 설정하고 학습 욕구를 강화하기 위해 공부에 방해되는 요소들을 과감히 차단시키고 죽어라 공부했다. 원하는 성적을 얻을 때까지 죽을힘을 다해 공부한 것이 그들이 말하는 특별하다면 특별한 비법이었다.

브래드 피트가 주연한 〈벤자민 버튼의 시간은 거꾸로 간다〉라는 영화에서 주인공이 열세 살짜리 딸에게 쓴 편지 내용이다.

"살아가면서 너무 늦거나 이른 것은 없다. 넌 뭐든지 될 수 있다. 꿈을 이루는 데 시간제한은 없단다. 지금처럼 살아도 되고 새로운 삶을 살아도 된다. 최선의 선택과 최악의 선택 중 최선의 선택을 내리길 바라마."

그렇다. 꿈을 실현하는 데 있어 시간 제한은 없다. 하지만 원하는 대학에 들어가는 데는 시간 제한이 따른다. 따라서 한정된 시간에 효과적인 공부를 하기 위해선 최선의 선택을 내려야 한다. 그리고 자신이 내린 선택을 후회하지 않도록 최선을 다해 공부해야 한다. 머지않아 그 최선의 선택이 자신의 꿈을 생생하게 이루어간다는 것을 깨닫게 될 것이다.

공부, 능력의 문제가 아니라
태도의 문제다

요즘 들어 부쩍 10대들로부터 메일을 많이 받는다. 그들이 보낸 메일은 꿈과 미래, 성적에 관한 고민이 대부분이다.

이 책을 읽는 여러분과 같은 고민을 안고 있는 한 여학생이 보낸 메일을 소개하고자 한다.

"이번에 기말고사를 봤는데 성적이 많이 떨어졌습니다. 2학년 때는 3등 정도 하다가 3학년에 올라간 후로는 8등 정도 합니다. 제 나름대로는 열심히 한다고 생각합니다. 새벽 1시 반에 자고 5시경에 일어나서 또 공부하거든요. 그렇다고 학교에서 조는 것도 아닙니다. 수업도 잘 듣고 있는데 왜 성적이 점점 떨어지는 건지 모르겠습니다. 문제집도 많이 풀고 이해도 잘하는 편입니다. 수학은 항상 90점 이상이고요. 뭐가 문제인지 모르겠습니다. 친구들도 저보고 왜 성적이 오르지 않는지 이해가 안 간다고 말하네요. 왜 성적이 오르지 않는지 명쾌한 답을 알려주시면 고맙겠습니다."

나는 그 학생에게 아래와 같이 답했다.

"모든 일이 그렇듯이 공부 역시 무조건 열심히 해서 되는 게 아닙니다. 공부는 짧은 시간을 하더라도 몰입해서 하는 것이 중요합니다. 시험 기간에 바짝 공부하기보다 평소 꾸준히 공부하는 습관을 갖추는 것이 중요합니다. 공부를 잘하는 친구들은 평소에도 황소처럼 우직하게 공부하는 자세를 갖추고 있습니다."

공부를 잘하거나 못하는 것은 머리나 주변 환경의 문제가 아니다. 가장 큰 원인은 공부하는 태도에 달렸다고 할 수 있다. 공신들은 확고한 꿈과 눈부신 미래를 창조하기 위해 공부를 해야 한다고 생각한다. 반면에 비공신들은 굳이 열심히 공부하지 않아도 성공할 수 있다는 안일한 생각을 품고 있다. 그러니 공부하는 태도가 흐트러질 수밖에 없는 것이다.

공부는 얼마나 오래 하느냐보다 얼마나 집중해서 하느냐가 중요하다. 지인 중에 중학교 교사로 재직하고 있는 분이 있다. 그 분은 그동안 학생들을 지도하며 느낀 단상을 이렇게 말했다.

"책상에 앉아 있는 시간은 많은데 실질적으로 공부하는 시간은 적은 학생들이 너무나 많습니다. 머릿속에 다른 생각을 하거나 불필요한 곳에 시간을 버리는 학생들이지요. 공부에 집중하지 못하는 학생들을 살펴보니 다음 두 가지가 결여되었다는 것을 알 수 있었습니다.

공부의 필요성과 공부의 목적입니다. 이런 학생들은 누군가에게 등 떠밀려서 공부를 하는 거죠. 그렇게 어쩔 수 없이 하는 공부이다 보니 책상 앞에 앉아 있어도 머릿속은 딴 생각으로 가득 차 있게 마련입니다.”

나는 그 분에게 “공부를 생산적으로 하기 위한 조언을 해달라.”고 부탁했다. 그러자 그 분은 현재 자신이 활용하고 있는 방법을 소개했다. 아주 특별한 방법은 아니지만 매우 중요한 부분이라는 생각이 든다.

“대부분의 학생들이 공부에 몰입하지 못하는 것은 왜 공부를 하는지 모르기 때문입니다. 나는 그런 학생들에게 꿈과 목표를 설정하라고 조언합니다. 꿈과 목표를 설정하는 일은 아무리 강조해도 지나치지 않아요. 다음 시험에서는 몇 등을 해야겠다, 몇 점을 받아야겠다, 이런 목표도 좋아요. 이러한 것들을 종이에 적어서 잘 보이는 곳에 붙여두면 효과가 큽니다. 자신이 필요해서 하는 공부이니만큼 무턱대고 하는 공부보다 집중력이 훨씬 높을 수밖에 없거든요. 그리고 공부의 집중력을 방해하는 요소들을 제거해야 합니다. 연습장에다 그런 것들을 쭉 적어보는 겁니다. 예를 들면 컴퓨터, 인터넷, 게임, 잠, TV, 이성 친구 등등을 적고 그것들을 포기하거나 줄여나가는 거예요. 그러면 자연적으로 공부하는 시간이 늘어나게 되죠. 이때 주의할 점은 너무 갑작스러운 변화를 주기보다는 서서히 불필요한 것을 하는 시간을 줄이고 공부하는 시간을 늘려나가는 것입니다. 모든 사람에게 공평하게 주어지는 하루 24시간을 누가 더 효율적으로 활용하느냐가 공부의 관건입니다. 마지막으로 긍정적인 사고를 갖는 것입니다. "난 안 돼" "난 머리가 나빠" "우리 집은 가난해서" 등등 자신뿐 아니라 자신이 처한 상황을 부정적으로만 보는 학생들이 많습니다. 안 된다고 생각하면 정말 안 되게 되어 있습니다. 따라서 '나는 된다'라는 긍정적인 생각을 가져야 합니다."

한마디로 공부를 하는 태도가 중요하다는 말이다. 공신들과 비공신들을 비교해보면 공부를 하는 태도가 하늘과 땅 차이라는 것을 알 수 있다(뒤쪽의 〈공신과 비공신의 차이〉 참고). 학생들은 같은 교실에서 같은 교사에게 수업을 받지만 공신과 비공신, 두 부류로 나뉘게 된다. 두 부류로 나뉘게 되는 가장 큰 원인 가운데 근본적인 원인을 꼽는다면 공부하는 태도를 들 수 있다. 나의 이 말에 "성적이 좋은 친구들은 고액 과외를 하거나 학원에 다니는데요, 뭐." 이렇게 항변할지도 모른다. 물론 그런 친구들도 있다. 그러나 나는 그런 소수의 사람들이 아닌 혼자 공부해서 SKY대학에 들어가거나 자신의 꿈을 이룬 다수 사람들을 대상으로 이야기하는 것임을 인지해주길 바란다. 공부 잘하는 학생들에게선 다음과 같은 수업 태도를 엿볼 수 있다.

① 수업시간에 열중한다.
② 숙제를 꼬박꼬박 한다.
③ 질문을 많이 한다.

④ 예습을 한다.

⑤ 그날 배운 것을 복습한다.

또한 공부 잘하는 학생들은 적극적인 공부 자세를 견지한다.

① 끈기 있게 공부한다.

② 공부할 때 최대한 열심히 한다.

③ 과목(국, 영, 수) 공부가 재미있다.

④ 공부는 열심히 할수록 재미있다.

⑤ 누가 시키지 않아도 공부하기 전에 먼저 학습 계획을 세운다.

⑥ 학습계획을 세우면 어떻게 해서든 지키려고 노력한다.

⑦ 이해가 잘 안 되는 문제는 알 때까지 반복해서 공부한다.

⑧ 내가 이미 아는 것과 새로운 것을 연결시키려고 노력한다.

⑨ 공부가 끝난 후에 공부한 내용을 종합적으로 정리해서 생각해
  본다.

성적이 상위권인 학생들은 모두 수업 태도와 공부 자세 면에서 적
극성을 띠었다. 그들이 공부하는 만큼 성적이 오르는 데는 그만한
이유가 있다는 뜻이다.

공부를 할 때 학생들이 가장 힘들어하는 것 중에 하나가 문제를
풀다가 막힐 때이다. 이럴 때 대다수의 학생들은 짜증을 내거나 포
기를 한다. 그러나 처음부터 완벽하게 문제를 푸는 사람은 없다는

것을 알아야 한다. 물론 풀리지 않는 문제를 끝까지 붙잡고 있기란 말처럼 쉬운 게 아니다. 공신이라고 불리는 이들 역시 책을 덮어버리고 싶은 순간들이 무수히 많았을 것이다. 하지만 이때 어떻게 반응하느냐에 따라 성적이 오를 수도, 곤두박질칠 수도 있다는 것을 기억해야 한다.

성적 향상을 이루기 위해선 무조건적인 공부보다 올바른 공부 태도가 중요하다. 나는 학생들의 효율적인 공부를 위해 다음과 같은 일곱 가지 학습 태도를 도출해냈다. 다음 일곱 가지를 자신의 것으로 만들어보길 바란다.

① 공부에 관심을 갖는다.

② 확고한 꿈과 목표를 정한다.

③ 공부에 방해되는 요소를 없앤다.

④ 등수나 점수보다 오늘 배운 내용을 얼마나 이해했느냐를 더 중요시한다.

⑤ 조급한 마음을 갖지 않는다.

⑥ 자신에 대한 믿음으로 공부에 도전한다.

⑦ 모르는 건 그냥 넘어가지 않고 완벽하게 이해한다.

1. 공신은 교과서 위주로 공부하고, 비공신은 문제집 위주로 공부한다.
2. 공신은 학교 수업 위주로 공부하고, 비공신은 학교 진도에 상관없이 늘 처음부터 공부한다.
3. 공신은 자투리 시간 활용을 잘하고, 비공신은 자투리 시간 활용법을 전혀 모른 채 시간을 낭비한다.
4. 공신은 전체를 알려고 힘쓰고, 비공신은 부분만 신경 쓴다.
5. 공신은 원리를 이해하려고 노력하고, 비공신은 암기하려고 노력한다.
6. 공신은 책의 제목을 중요시하고, 비공신은 제목 따위에는 전혀 관심을 기울이지 않는다.
7. 공신은 시험기간 중에 전심전력하고, 비공신은 다음 시험 때는 열심히 공부할 것이라고 다짐한다.
8. 공신은 수업 시간에 활동적이고, 비공신은 쉬는 시간에 활동적이다.
9. 공신은 반복 학습을 중요시하고, 비공신은 반복 학습을 거의 하지 않는다.
10. 공신은 자기 실력에 맞는 문제집을 풀고, 비공신은 실력과 관계없는 문제집을 푼다.
11. 공신은 평상시 국·영·수 위주로 공부하고, 비공신은 평상시에도 암기과목을 열심히 한다.
12. 공신은 왜 그렇게 되는지 의문을 갖지만, 비공신은 무조건 외우려고만 한다.
13. 공신은 개념을 중요시하는데, 비공신은 개념 정립을 위해 전혀 노력하지 않는다.
14. 공신은 막연히 아는 것은 모르는 것으로 여기지만, 비공신은 막연히 아는 것을 아는 것으로 여긴다.
15. 공신은 예습, 복습을 중요시하지만, 비공신은 벼락치기로 공부한다.
16. 공신은 숙제를 빠른 시간에 하지만, 비공신은 숙제하는 데 많은 시간을 보낸다.
17. 공신은 선생님들을 탓하지 않지만, 비공신은 선생님들의 가르침을 탓한다.

18. 공신은 틀린 문제를 다시 틀리지 않지만, 비공신은 맞았던 문제도 틀린다.

19. 공신은 모르는 것이 있으면 모른다고 하고, 비공신은 그런 것은 안 배웠다고 변명한다.

20. 공신은 공부를 매일 꾸준히 하지만, 비공신은 시험기간 중에만 열심히 한다.

21. 공신은 점수가 좋지 않으면 자기를 탓하지만, 비공신은 안 배운 것이 나왔다고 주장한다.

22. 공신은 암기할 때 기억법을 이용하여 쉽게 하지만, 비공신은 의미 없이 하여 어렵게 외운다.

23. 공신은 시간 관리 능력이 있지만, 비공신은 시간의 중요성을 인식하지 못한다.

24. 공신은 먼저 공부해 놓고 신나게 놀지만, 비공신은 먼저 놀고 나중에 시간이 없어서 공부를 못 한다.

25. 공신은 대화와 토론을 즐기지만, 비공신은 TV와 유행 이야기를 즐긴다.

26. 공신은 공식이 되어지는 과정을 알기 때문에 잘 잊어버리지 않고 잊어버려도 유도해 내지만, 비공신은 공식 결과만을 기억하기 때문에 쉽게 잊어버리고 잊어버리면 유도해 내지 못한다.

27. 공신은 도표나 그림을 중요하게 생각하지만, 비공신은 도표나 그림을 별로 중요하게 여기지 않는다.

28. 공신은 한 번 공부한 내용은 알고 있어 안 하지만, 비공신은 무조건 외운 내용이라 시험 때마다 다시 공부한다.

29. 공신은 학교, 학원에서 배운 것을 다시 공부하지만, 비공신은 학교, 학원에서 배운 것으로 족하게 여긴다.

30. 공신은 선생님과 눈을 맞추고, 비공신은 선생님과 눈이 마주치는 것을 두려워한다.

＊인터넷에서 발췌함

03

태도는 인생 최고의 자산이다

태도는 삶의 모든 면을 채색한다.
그것은 마음에 색을 칠하는 붓과 같아서 밝고 경쾌하게
칠해질 수도 있지만 모든 것이 어둡고 우울하게 칠해질 수도 있다.
이처럼 태도가 미치는 영향은 실로 넓고 매우 중요하다.

—존 맥스웰(미국의 성공학 컨설턴트)

조급해한다고 빨리 도착하지 않는다

모든 일에는 과정이라는 시간이 필요하다. 과정 없이 이루어진 성과나 성공은 없다. 그런데 주변을 보면 배움과 노력 등의 과정은 생략한 채 결실만 바라는 이들이 적지 않다. 그들의 입에선 "빨리! 빨리!"라는 말이 습관처럼 튀어나온다.

지인들과 즐겨 찾는 한 식당의 주인이 이렇게 말했다.

"주문하자마자 음식을 달라고 하는 사람이 있습니다. 배가 고픈 것은 이해가 가지만 저희도 음식을 만드는 시간이 필요하다는 것을 알아주셨으면 합니다. 음식이 만들어지는 시간을 기다리지 못하고 조바심을 내는 분들은 패스트푸드 이상의 음식을 접할 수 없습니다. 그래서 라면이나 햄버거를 좋아하는 사람이 많은 것 같습니다."

과정을 무시한 채 기다리지 못하는 사람은 단기간에 성과를 얻으려고 한다. 그러다 보니 조바심을 내게 되어 일을 꼼꼼하게 하지 못하고 대충 처리하게 된다. 그러나 매사 조급해하는 사람은 결코 성공적인 인생을 살지 못한다. 조급한 나머지 인생의 상당 부분을 비효율적인 것들로 채우기 때문이다.

인터넷에서 다음과 같은 한 네티즌의 글을 발견했다. 공감하는 부분이 있어 소개한다.

"쥐가 다리 위로 지나다니고 이불 쪽 구석에 쥐랑 같이 잠을 자다가 깜짝깜짝 놀랐던 어린 시절의 집. 아버지가 무능력해서 어머니의 공장일로 생활을 간간이 해나갔지만 어머니의 갑작스런 정신질환으로 이어진 가난의 연속은 '나는 아빠처럼 살지 말아야지' '꼭 돈을 많이 벌어야지' 독하게 마음먹고 살 수 있었던 계기였습니다. 육성회 도움으로 인문계고등학교를 간신히 졸업하고 웨이터 일을 하다가 군대에 갔습니다. 제대 후 동대문에서 장사 기술을 배우면서 정말 아끼고 아껴 돈을 모아서 주변 도움으로 장사를 시작했지만 그마저 실패, 동대문에서 누군가를 만나 사랑을 시작했고 5년을 연애했지만 아무것도 변한 것이 없는 제 자신과 저의 현실 때문에 이별했습니다. 빨리 돈을 벌고 싶어 주식을 시작했지만 미수와 융자로 얼룩진 주식 투자는 결국 깡통 계좌가 되었습니다. 빨리 성공하려는 조바심이 저를 망쳤는가 하면 정말 아무것도 없는 스물세 살 때로 되돌아갔네요. 욕심을 버렸다면 이렇게까지 힘들지는 않았겠지요. 친구와 술 한 잔 하면서 '세상 사는 거 왜 이렇게 재미없냐?'라고 묻자, 친구는 '너 드라마 〈추노〉 보냐? 거기서 장혁이 그러더라. 세상 즐거워서 사냐? 내일은 좀 나아질 것이라는 기대로 살지.' 이런 비슷한 말을 해주더군요. 다시 열심히 살면 행복해질 수 있겠죠.”

우리는 “빨리 성공하려는 조바심이 저를 망쳤는가 하면 정말 아무것도 없는 스물세 살 때로 되돌아갔네요.”라는 말에 주목할 필요가 있다. 만일 빨리 돈을 벌고자 하는 조급한 마음을 먹지 않았다면 그는 주식을 하지 않았을 것이다. 그동안 해왔던 것처럼 매일 착실히 일하면서 저축을 했을 테고, 그랬다면 갑자기 큰돈을 벌지는 못했을지라도 소박한 행복을 느끼며 살 수 있었을 것이다. 그러나 조급한 마음이 모든 것을 망쳤다. 그 결과 과거의 힘들었던 시절로 역행하게 된 것이다.

타타대우상용차 김종식 대표이사. 그는 인도의 ‘국민기업’ 타타그룹의 타타자동차가 대우자동차의 상용차 부문을 인수하면서 탄생한 국내 2위의 대형트럭 메이커 타타대우상용차의 대표이사 사장직을 2009년 10월부터 맡고 있다. 인도 기업이 내세운 한국인 CEO로서 한-인도 CEPA(포괄적경제동반자협정) 발효와 함께 2010년 1월 출범한 주한 인도상공회의소 초대 회장직도 맡고 있다. 인도 시장에서 성공을 거두었다고 평가받고 있는 그가 말하는 성공 비결은 무엇일까?

그는 인도 시장에 진출했던 많은 한국 기업인의 실패 원인으로 ‘조급함’을 꼽았다. 기업인들을 대상으로 인도 시장 진출 비법에 대해 수차례 강의를 하기도 한 그가 한국 기업인들에게서 가장 많이 받는 질문은 이것이었다.

"인도에서 이 사업, 바로 성공할까요?"

많은 한국 기업인들이 성과가 바로 나오는 지름길을 원한다. 그러나 그는 인도 시장에서 그런 사고로 기업을 경영한다면 '백전백패'라고 단언하며 인도에 진출했던 한 제조업 사장의 실패담도 덧붙였다. 그 사장은 오전 7시 반에 통근버스로 근로자들을 태워 와 아침 식사 시간을 15분간 주고 공장 작업에 들어가도록 했는데 다음 날부터 하나둘 통근버스를 타지 않더니 일주일 만에 그 공장에 출근하는 근로자가 한 명도 없었다는 것이다. 시간 개념이 매우 느린 인도의 문화를 이해하지 못했기 때문에 일어난 일이었다.

김종식 대표이사는 철저한 현지화로 인도 시장에서 성공을 이끌어냈다. 인도에서 큰 인기를 끌었던 LG전자의 '크리켓 TV' 역시 인도인이 열광하는 국민 스포츠 크리켓을 TV 리모컨으로 할 수 있도록 한 작은 아이디어에서 나왔다는 것이다. 그는 단기간에 성과를 바라는 한국 기업인들에게 다음과 같이 조언한다.

"중소기업일수록 인도 진출 전에 철저한 조사가 꼭 필요합니다. 미국이나 유럽 기업들이 인도 시장에서 성공을 거두고 있는 것도 미련하리만치 긴 사전조사 때문이라는 것을 기억해야 합니다."

그의 말에 따르면 투자 후 성과가 늦게 나오는 인도 시장의 특성상 섣불리 뛰어들었다간 그 시간을 견디지 못하고 문을 닫는다고 한다.

"성격이 급한 한국인에게 '커피믹스'가 성공한 것처럼 인도에서 현지인의 마음을 사로잡는 아이디어는 현지인의 눈높이에서만 나올 수 있습니다."

인도의 정치가이자 민족 운동 지도자인 마하트마 간디는 "인생에는 속도를 내는 것 말고도 더 많은 것들이 있다."라고 말했다. 공부건 일이건 뭐든지 단기간에 성과를 얻을 수 있다면 이보다 더 좋을 순 없을 것이다. 하지만 인생에서 그렇게 생각처럼 쉽게 뚝딱 이루어지는 일은 거의 없다. 그래서 급할수록 돌아가라는 옛말도 있지 않은가. 단기간에 성과를 내고자 하는 조급한 마음을 갖게 되면 자신도 모르는 사이에 과정을 대충 넘기게 된다. 그리고 결국 일을 망치는 결과를 초래하게 되는 것이다.

말콤 글래드웰은 저서 『아웃라이어 *Outliers*』에서 비틀스의 성공은 결코 우연이나 행운이 아니라고 말한다. 비틀스가 성공하기까지는 1만 시간에 가까운 피나는 노력이 따랐다고 강조한다.

1960년, 비틀스가 그저 열심히 노력하는 고등학교 록 밴드에 불과할 때 그들은 독일의 함부르크에서 초대를 받았다. 비틀스의 전기 『샤우트 *Shout!*』를 집필한 필립 노먼은 이렇게 말했다.

"당시 함부르크에는 로큰롤(락앤롤) 클럽이 없었습니다. 전부 스트립 클럽이었죠. 그곳에 브루노라는 클럽 사장이 있었는데 그는 공정한 쇼맨으로 다양한 밴드 그룹을 데려다 연주를 시키는 발상을 떠올렸습니다. 예를 들면 이런 식이죠. 매시간 이어지는 거대한 논스톱 쇼에서는 많은 사람이 들이닥치고 또한 빠져나가는데 그때 밴드가 사람들의 발걸음을 붙잡아놓는 연주를 합니다. 빨간 조명 아래서 연주를 했기 때문에 그것을 논스톱 스트립티즈라고 불렀어요. 당시 함부르크에서 연주한 수많은 밴드가 리버풀 출신이었죠."

노먼은 계속 설명을 이어갔다.

"당시 밴드를 알아보기 위해 런던에 온 브루노는 소호(Soho)에서 우연히 런던에 잠시 들른 리버풀의 사업가를 만나게 됩니다. 그렇게 해서 몇몇 밴드를 소개받았죠. 비틀스는 브루노뿐 아니라 다른 클럽 사업장들과도 연줄을 맺게 되었습니다."

당시 관객들은 비틀스의 연주에 귀를 기울이지 않았다. 하지만 비틀스는 많은 시간을 연주할 수 있다는 것에 만족했다.

비틀스가 해체된 후, 함부르크의 인드라(Indra) 클럽에서 연주했던 일에 대해 존 레논은 이렇게 회상했다.

"우리의 연주 실력은 점점 좋아졌고 자신감을 얻었습니다. 날이면 날마다 밤새도록 연주했으니 그럴 수밖에 없었죠. 우리는 그곳에서 더욱 열심히 노력했고 노래에 마음과 영혼을 담으려 애썼습니다. 리버풀에서는 고작 한 시간만 연주할 수 있었기 때문에 우리가 가장 잘하는 곡만 반복해서 연주했죠. 하지만 함부르크에서는 여덟 시간씩 연주할 수 있었기 때문에 여러 가지 곡들과 새로운 연주방법을 시도할 수밖에 없었습니다.”

당시 비틀스의 드러머였던 피트 베스트(Pete Best)의 말을 들어보자.

“우리는 일주일에 7일 밤을 연주했습니다. 처음에는 밤샘 연주가 끝날 무렵 12~13명이 남았지만, 점점 실력이 좋아지면서 토요일이나 일요일 아침에는 꽤 많이 남아 있었죠.”

비틀스는 1960년에서 1962년 말에 걸쳐 다섯 차례나 함부르크에 다녀왔다. 처음 방문했을 때 그들은 106일 밤을 매일 네 시간 이상 연주했다. 두 번째 여행에서는 92번이나 무대에 올랐고 세 번째 여행에서는 48번 무대에 올라 172시간이나 연주했다. 마지막 두 번의 함부르크 무대는 1962년 11월과 12월에 있었는데, 그때 90시간을 더 연주했다. 모두 합하면 비틀스는 1년 반이 넘는 기간에 270일 밤을 연주한 셈이다.

그들이 처음으로 성공의 대박을 터뜨린 1964년까지 그들은 모두 1,200시간을 공연한 것으로 추산된다. 물론 비틀스가 노력한 시간은 1만 시간의 법칙에 위배된다. 하지만 비틀스 최고의 작품으로 알려진 〈Sgt. Pepper's Lonely Hearts Club Band〉 앨범이 발매되기까지의 기간을 추산하면 10년이 된다는 것을 기억해야 한다.

물은 섭씨 100도에서 끓는다. 100도를 끓는점 혹은 비등점, 임계점이라고 한다. 임계점의 과학적 정의는 액체와 기체 상태의 두 물질이 서로 분간할 수 없게 되는 임계 상태에서의 온도와 증기압이다.

물은 끓기 전까지는 아무런 변화를 보이지 않는다. 그러나 100도에 이르면 기포와 함께 부글부글 끓어오른다. 액체에서 기체로 변화되는 지점이 바로 임계점이다.

세상의 모든 변화에는 임계점이 존재한다. 공부, 일, 운동, 인생의 성공……. 무엇이 되었든 간에 어느 정도 성취하기 위해선 배움과 노력, 도전 등의 임계점을 필요로 한다. 임계점에 도달하기 전에는 아무리 에너지를 가해도 가시적인 변화는 조금도 보이지 않는다는 것을 잊어선 안 된다.

물이 수증기가 되려면 100도가 되어야 한다. 0도의 물이건 99도의 물이건 끓지 않는 것은 마찬가지이다. 차이가 자그마치 99도나 되는데도 말이다. 수증기가 되어 자유로이 날아갈 수 있으려면 100도를 넘어서야 한다. 그러나 99도에서 100도까지의 차이는 불과 1도라는 사실을 기억해야 한다.

여러분은 어떤 일을 99도까지 해놓고서 1도를 더 하지 못해 포기한 적은 없는가? 목표와 계획을 향해 99도까지 나아갔다가 마지막 1도를 남겨두고 돌아선 적은 없는지 되돌아볼 필요가 있다.

사람은 누구나 지금 하는 일에서 성과를 발휘할 수 있다. 또한 꿈꾸는 미래를 창조할 수 있다. 그러나 그 모든 것은 99도의 노력에서 멈추지 않고 1도를 더할 때 비로소 가능해진다는 것을 기억하라.

작심삼일, 도대체 나는 뭐가 문제일까?

새해가 밝으면 많은 사람들이 새 다이어리를 구입한다. 그리고 새 다이어리는 각종 계획들로 빼곡하게 채워진다.

'올해는 꼭 전교에서 O등 해야지.'
'올해는 꼭 운동해야지.'
'담배를 끊어야지.'
'책을 많이 읽어야지.'
'쓸데없는 데 돈 쓰지 말고 저축해야지.'

그러나 하루가 지나고 이틀이 가면서 자신과의 약속을 지킬 수 없게 만드는 예기치 못한 일들이 생긴다. 공부하겠다고 큰 맘 먹고 산 책은 제일 앞 단원만 까맣다. 책상에 앉으면 딴짓을 하거나 졸음이 쏟아지고 일 년 치를 한꺼번에 끊어둔 헬스장 사물함에는 운동화만 처박혀 있다. 그렇게 사흘이, 일주일이, 한 달이 흐르는가 싶더니 어느 순간 한 해의 절반이 지나버렸다.

누구나 처음에는 목표를 향해 열심히 달려가리라고 다짐한다. 그동안 마음먹지 않아서 해내지 못한 것뿐이라는 듯이 의지가 충만하다. 다이어리에 적어두기만 해도 목표가 달성되는 것처럼 뭔가 뿌듯하다. 그러나 효과는 딱 사흘이다. 나흘째부터 핑계를 찾게 되고 목표는 희미해진다. 이런저런 유혹들이 눈앞에서 살랑거린다.

작심삼일(作心三日)이라는 말이 있다. 결심한 것이 사흘을 가지 못하고 곧 느슨하게 풀어짐을 뜻하는 이 작심삼일은 현대인들에게만 국한되는 이야기는 아니다. 조선시대의 유명한 유학자인 서애 류성룡에게도 작심삼일에 얽힌 이야기가 있다.

류성룡이 임진왜란 당시 군사업무를 총괄하는 도제찰사를 맡았을 때의 일이다. 류성룡은 각 고을에 발송할 공문을 역리에게 주어 전달하게 했다. 그리고 3일 후 그 공문을 수정할 일이 있어서 다시 회수를 하게 했는데 알고 보니 역리가 공문을 발송하지도 않았던 것이다. 이에 류성룡이 화를 내자 역리는 이렇게 말했다.

"속담에 '조선공사삼일'이라는 말이 있습니다. 소인의 소견에 사흘 후 다시 공문을 고칠 것 같아 사흘을 기다리느라 보내지 않았습니다."

이 말에 류성룡은 크게 깨달았다고 한다.

"가히 세상을 깨우칠 말이다. 나의 잘못이다."

'조선공사삼일'은 조선의 공무는 삼일이라는 말로 처음에는 잘하다가 조금 지난 후에는 흐지부지해지는 것을 비꼰 것이다.

우리들의 확고한 결심이 작심삼일로 끝나는 이유는 무엇일까? 전문가들은 그 이유를 우리가 의지를 다질 때마다 부신피질에서 분비되는 방어 호르몬으로 꼽는다. 방어 호르몬은 심신의 피로를 덜어주면서 하기 싫은 일을 얼마 동안 참고 할 수 있도록 몸을 조절해주는 역할을 한다. 그래서 처음 목표나 계획을 세우고 결심을 할 때는 자신감과 활력이 쏟아지게 된다. 그런데 문제는 방어 호르몬의 유효기간이 겨우 72시간 정도라는 것이다. 사흘이 지나면서 결심이 흐트러지는 이유가 여기에 있다. 그렇다면 어떻게 해야 작심삼일의 뇌를 극복할 수 있을까?

학생들을 가르치며 뇌의 해마를 연구하는 데 심혈을 기울이고 있는 도쿄대학 약학부 이케가야 유지 교수는 "시작이 반이라는 말이 있듯이 일단 시작부터 하는 것이 중요하다."고 말한다. 그의 이야기를 들어보자.

"우리 뇌에는 의욕을 북돋아주는 부위가 있습니다. 측좌핵이라는 곳인데, 뇌 한가운데에 보면 좌우에 하나씩 있지요. 뇌를 사과라고 했을 때 사과씨 크기 정도로 생각하면 됩니다. 이 부위의 신경세포는 안타깝게도 좀처럼 활동하질 않아요. 어느 정도 자극이 있을 때

라야 활동을 합니다. 따라서 의욕이 없을 때에도 의욕이 있는 것처럼 일단 시작부터 하는 것이 중요해요. 그렇게 하면 무엇인가를 하고 있는 사이에 측좌핵은 스스로 흥분하게 되고 집중력도 높아지게 됩니다. 그래서 의욕이 없더라도 먼저 시작하게 되면 거짓말처럼 의욕이 생겨납니다.”

우리는 처음 하는 일이나 자신의 능력보다 조금 어려운 일을 할 때 머뭇거리게 된다. 그 사이에 그 일을 하지 않아도 되는 핑곗거리를 찾게 된다. 이는 반발을 일으키는 동물의 뇌인 변연계 때문이다. 인간의 뇌인 대뇌신피질은 계속해서 변화를 추구하지만 동물의 뇌인 변연계는 변화를 가장 싫어한다. 동물의 세계에서 익숙하지 않은 것을 하는 것은 곧 죽음을 의미하는 급격한 변화에 해당된다. 그래서 동물은 변화를 두려워하고 거부하는 것이다. 동물이 항상 똑같은 것을 되풀이하는 습성을 가진 이유는 이 때문이다.

뇌는 망설이거나 시작이 늦춰질수록 두려움에 지배당하게 된다. 따라서 싫다, 좋다 생각할 겨를 없이 바로 시작하는 것만이 변연계의 불안 공포 반응을 예방하는 길이다. 일단 시작하게 되면 작업흥분이 일어나 새로운 변화를 받아들이는 작업 모드로 바뀌게 되어 어느새 익숙해지게 된다. 나는 뇌의 속성 파악과 더불어 다음 세 가지를 주문하고 싶다.

첫째, 명확하고 구체적인 목표를 세워라

목표를 세울 때는 구체적이고 실현 가능하도록 세우는 것이 중요하다. 모호하게 '공부를 열심히 하자'라는 계획보다 '반에서 5등 안에 들기' '한 달에 책 3권 읽기'와 같은 구체적인 목표를 세워야 한다. 목표가 구체적이고 실현 가능할 때 우리 뇌는 그 목표를 달성하기 위해 최선의 노력을 기울이게 되기 때문이다.

둘째, 습관이 자리 잡을 때까지 반복하라

전문가들에 의하면 뇌의 신경세포 간의 신호전달망인 시냅스가 새롭게 형성이 되려면 같은 동작을 3,000번 정도 반복해야 된다고 한다. 같은 것을 계속 반복할수록 시냅스 간의 연결망은 더욱 단단해진다. 실현하고자 하는 목표가 있다면 귀찮고 힘들어도 꾸준히 반복해보라. 습관이 자리 잡을 때까지는 피나는 노력이 요구되지만 나중에는 힘들이지 않고도 그 일을 하는 자신을 발견하게 된다.

셋째, 사소한 변화에도 기뻐하라

목표를 세우고 같은 것을 계속해서 반복하다 보면 지루함을 느낄 수 있다. 따라서 이제는 일어나는 변화를 관심 있게 지켜볼 필요가 있다. 우리의 뇌는 조그만 변화라도 그것을 인지하고 의미를 부여할 때 성취감을 느끼게 된다. 그리하여 더욱더 긍정적인 방향으로 변하기 위해 노력한다.

　지인 중에 작심삼일을 극복하는 비결로 '작심삼일의 무한반복'을 드는 사람이 있다. 나흘째 되는 날, 다시 한 번 목표를 되새기고 실천방안을 점검하는 방법이다. 쉽게 말해 살짝 나사가 풀릴 만한 때에 다시 한 번 조여주자는 뜻이다.

　목표와 계획을 세우는 일은 쉽다. 그러나 그것을 끝까지 지키는 일은 어렵다. 따라서 자신과의 약속을 지키지 못했다고 해서 '왜 나는 안 되지?' '내가 그렇지 뭐.' 하며 자책해선 안 된다. 그보다 작심삼일을 깨뜨릴 수 있는 자신만의 방법을 찾아보라.

　여러분은 세상에서 가장 소중하고 특별한 존재이다. 현재 여러분 각자가 지니고 있는 그 특별함은 꿈을 향한 목표와 계획을 달성할 때 더욱 빛난다는 것을 기억해야 한다. 그 꿈을 향해 가는 길이 힘들고 고통스럽더라도 미래의 눈부신 '나'를 위해 인내하고 또 인내하길 바란다.

인생은 도전의 연속이다

인생은 도전의 연속이다. 도전 없이 이루어진 성공은 없다. 따라서 기왕 도전하려면 쉬운 것보다 어려운 일에 도전해야 한다. 불가능해 보이는 일이라도 좋다. 남들이 하는 것, 남들이 가는 길에 합류하기보다 나만의 길을 가는 용기가 필요하다. 실패해도 괜찮다. 도전하는 과정은 그 자체만으로도 가치 있는 일이기 때문이다.

20세기 초 유럽의 예술계는 혜성같이 등장한 한 여인으로 인해 술렁거렸다. 젊은 나이에 기존의 무용과는 전혀 다른 새로운 무용 체계를 창조한 이사도라 던컨이라는 여인이었다. 그녀의 춤은 당시 최고의 경지로 추앙받던 발레와는 차원이 다른 것이었다. 그 시절에는 많은 부모들이 자녀를 발레 학교에 보냈는데, 던컨의 어머니 역시 딸이 장래에 유명한 발레리나가 되기를 바라며 그녀를 유명한 발레 교사에게 보냈다.

본격적으로 발레 수업이 시작되자 발레 교사는 던컨에게 발끝으로 서서 걸어보라고 말했다. 그러자 그녀는 물었다.

"왜 그렇게 걸어야 하나요?"

"그래야 아름다움을 표현할 수 있기 때문이지."

그러나 던컨은 어린 나이에도 그것이 자연스럽지 못하다고 생각했다. 그리고 며칠 지나지 않아 발레를 그만두고 자신만의 길을 모색하기로 결심했다.

몇 년 후, 던컨의 어머니는 그녀를 데리고 시카고로 향했다. 여러 극단의 단장들은 던컨의 춤을 높이 평가하면서도 공연에는 어울리지 않는다는 반응을 보였다. 던컨은 너무 굶주려 더 이상 걸을 기력도 없는 어머니에게 빵을 사다드리기 위해 어쩔 수 없이 세상과 타협하고 무대에 올랐다. 그리고 술집에서 지배인이 시키는 대로 캉캉 비슷한 춤을 추었다. 수입은 괜찮았지만 그녀는 이 일을 일주일 만에 그만두었다. 그것은 춤이 아니라고 생각했기 때문이었다.

던컨과 어머니는 런던으로 건너갔다. 다행히도 그곳에서 유명한 배우인 캠벨 부인을 만나게 되었다. 캠벨 부인은 한눈에 던컨의 재능을 알아보고 그녀가 시도하는 새로운 무용을 높이 평가했다. 캠벨 부인은 영국 예술계에서 던컨이 재능을 마음껏 발휘할 수 있도록 도움을 아끼지 않았다. 이에 힘입어 던컨은 파리와 베니스, 베를린 등에서 관객들로부터 뜨거운 갈채를 받으며 공연을 성황리에 마칠 수 있었다. 그녀의 공연을 본 관객들은 하나같이 흥분을 감추지 못했다. 그들은 던컨을 '세계에서 가장 위대한 여성'이라고 평가내렸다.

어려서부터 남들이 가는 길을 거부하고 자신만의 길을 가기를 고집했던 이사도라 던컨. 그녀는 마침내 고전적 무용세계에 혁명을 일으켰다. 기존의 무용과는 차원이 다른 새로운 무용 체계를 창조하는 데 성공한 것이다.

여성 비행사 최초로 대서양을 횡단한 아멜리아 에어하트는 "남들이 할 수 있거나 하려는 일을 하지 말고 남들이 할 수 없거나 하지 않으려는 일을 하라."고 말했다. 그렇다. 성공한 사람들의 대부분은 남들이 가지 않는 길을 갔고, 그 덕분에 성공할 수 있었다고 말한다. 물론 남들이 가지 않는 길을 간다는 것은 무척 두려운 일이며, 시행착오와 실패도 거듭할 수 있다. 그렇다고 해서 움츠러들 필요는 없다. 시행착오와 실패를 거듭할수록 잘되는 방법을 찾게 될 뿐 아니라 성공과 가까워지기 때문이다.

자신의 분야에서 최고가 된 사람들은 남들을 따라가기보다 진정으로 자신이 원하는 길을 가라고 조언한다. 즉 자신만의 명작을 그려야 한다는 말이다. 세상의 모든 크고 작은 성공들은 도전을 통해 빚어진 결실이기 때문이다. 컴퓨터 의사로 유명한 안철수 역시 남들이 가지 않은 길을 택했고 그 결과 오늘날처럼 국내 컴퓨터 바이러스 분야에서 최고가 되었다. 2011년 5월, 경희대학교 평화의 전당에서 열린 청춘콘서트 '우리 함께 꿈꾸자'에서 안철수는 중요한 선택을 할 때 다음 세 가지 원칙을 지킨다고 말했다.

1. 중요한 선택을 할 때는 과거를 잊어야 한다

우리는 열심히 살다 보면 무언가를 가지게 된다. 다음에 이어지는 선택은 이것을 놓지 않으려는 범위 내에서 하려다 보니 좋은 선택을 하지 못하고 망가지는 경우들이 많다. 고생하다가 성공하면 그 노하우에 감정적으로 밀착이 돼버린다.

그러나 주위 상황이 바뀌면 그전까지의 성공 노하우는 더 이상 정답이 아니게 되는 순간이 온다. 그런데 성공 노하우와 감정적으로 분리가 안 되서 계속 그 방법을 고집하다가 결국은 좋지 않은 방향으로 흐르게 된다. 정말로 중요한 선택을 할 때는 과거를 잊어야 한다. 실패뿐만 아니라 성공도 잊어야 한다.

2. 주위 사람 평판에 너무 연연하면 안 된다

부모님 말씀만 듣고 전공을 선택했다가 적성에도 맞지 않고 더 심도 깊은 공부를 할 용기가 나지 않아 점점 의기소침해지는 학생들을 본다. 그래서 카이스트에서 학생들의 자살 사건도 있었다. 단기적인 행복을 위해 하는 선택은 결국 본인도, 주변사람도 불행하게 만든다.

3. 결과를 두고 먼저 욕심내면 안 된다

열심히 해도 실패하고, 열심히 안 해도 성공할 수 있다. 내가 성공에 영향을 미칠 수 있는 몫은 아무리 많아도 3분의 1 정도다. 그럼에도 불구하고 성공과 그에 따른 몫을 독식하는 경우를 많이 본다. 사회 전체를 위한 본연의 일에 충실하다 보면 수익창출은 결과로서 자연스럽게 도출될 뿐이다. 수익창출이 목적이 되면 안 된다.

안철수는 이 세 가지 원칙을 지키니까 복잡한 판단들이 다 없어지고 본질만 남았다고 말했다. 그의 말을 계속 들어보자.

"결국 본질이라는 것은 이것 아닌가? 나한테도 의미 있고, 내가 재미를 느끼고 열정을 갖고 지속할 수 있는 일, 욕심으로가 아닌 내가 정말로 잘할 수 있는 일을 선택하는 것, 이것이 30대 초반에 6개월 동안 치열하게 고민해서 나름대로 얻었던 나의 원칙이다."

안철수는 정말 지혜로운 사람이라는 생각이 든다. 사실 대부분의 사람들이 인생을 살아가는 데 있어 원칙이 중요하다는 것을 알지만 안철수처럼 구체적인 원칙을 세우지 않는다. 따라서 그때그때 마음이 가는 대로 선택을 하게 되는 것이다. 그러나 안철수는 항상 중요한 선택의 갈림길에서 자신이 세운 세 가지 원칙을 따랐고 현명한 선택을 내릴 수 있었다.

인생은 선택의 갈림길에서 어떤 길을 택하느냐에 따라 미래가 달라진다. 어느 한 가지를 선택해야 하는데, 자신이 없어 머뭇거림으로써 선택의 기회마저 날리는 우를 범해선 안 된다. 이는 잘못된 선택을 내리는 것만도 못하다.

인생은 단 한 번뿐이다. 쉽고 편하다고 해서 남들이 가는 길을 무작정 따라가지 마라. 진정으로 자신이 원하는, 가고 싶은 길을 가라. 그 길이 힘들고 고달프더라도 말이다.

마지막으로 자신만의 길을 가고자 하는 사람은 다음 세 가지를 기억해야 한다.

① 원하는 결과를 상상한다.

② 목표를 달성하기 위해 필요한 지식이나 기술이 무엇인지 연구한다.

③ 행동 계획을 세운다.

잊지 마라. 어떤 꿈과 목표도 준비와 전략, 계획 없이는 절대 실현되지 않는다.

나를 낮추는 태도가 최고를 만든다

젊은이들에게 최고의 멘토로 꼽히는 안철수의 이름 앞에 붙는 직함은 그의 나이와 견주어보면 그저 '화려하다'는 말밖에 나오지 않는다.

소프트웨어벤처협회 회장, 카이스트 석좌교수, 포스코이사회 의장, 대통령 직속 미래기획위원회, 서울대학교 융합과학기술대학원장, 베스트셀러 작가 등등.

이런 수식어들은 그가 어떤 위치에 서 있는지를 잘 말해준다. 그는 현재 본의 아니게 여러 가지 감투를 쓰고 있지만 사실 자신을 내세우기를 좋아하지 않는다. 그러나 자신을 필요로 하는 곳에는 외면하지 않고 나눔을 실천한다.

나는 '사람들이 왜 안철수에게 열광하는가?'라는 의문이 들었다. 그러던 중에 출판계에 몸담고 있는 지인들과 저녁을 함께 한 자리가 있었다. 대화를 나누는 중에 며칠 동안 고민하고 있던 문제에 대해 질문을 던졌다.

"사람들이 왜 안철수 씨에게 열광하는 걸까요?"

한 사람씩 자신의 생각을 밝혔다.

"제자리에 머물러 있기보다 늘 새롭게 도전하기 때문이 아닐까 생각해요."

"지금의 안철수 씨가 있는 것은 끊임없이 배우고 노력하는 자세 덕분이 아닌가, 하는 생각이 듭니다. 이 부분에 사람들이 자극되기 때문이 아닐까요."

"그 분이 쓰신 책들과 방송에서 했던 말들, 그리고 현재 삶을 대하는 태도가 일치하기 때문이라는 생각이 드는군요."

나 역시 그 분들의 의견에 동감한다. 많은 사람들이 안철수에게 열광하는 것은 현재 그를 화려하게 꾸며주는 수식어들 때문이 아니다. 그에게서 나는 '사람 냄새' 때문이다. 나를 낮추는 겸손한 태도, 남몰래 흘려야 했던 땀과 눈물, 한결같은 그의 성품에 반했기 때문이다. 사실 안철수는 '자신을 얼마나 대접하는 자리인가' '자신이 얼마나 빛날 자리인가'보다 '얼마나 많은 사람들에게 도움이 될 자리인가'를 가장 중시한다. 그에게 가장 중요한 것은 '개인'이 아니라 '공익'이기 때문이다.

언젠가 한 인터뷰에서 "화도 안 내고 참으면서 사는 것이 행복한가?"라는 질문을 받은 그는 이렇게 답했다.

"남들 앞에서 화내본 적은 없어요. 욕은 못해요. 하지만 저 스스로에게는 화가 나기도 해요. 제가 잘못한 부분에 대해서 욕실에서 샤워하다 혼자 고함을 지른 적도 있어요. 그렇게 참으면서 행복하냐고 묻는 분들이 계세요. 그래서 그 질문 받고 생각해 봤는데요, 제가 참으면서 산 기억은 없더라고요. 사람이 1~2년은 참아도 20년을 어떻게 참겠어요? 전 오히려 마음 편한 대로 사는 타입이거든요. 저는 정말 돈보다 명예가 중요하고 명예보다 제 마음 편한 게 더 중요해요."

그는 안철수연구소에서 CEO로 있을 때 모든 직원에게 존댓말을 썼다고 한다. 그는 그 이유를 이렇게 밝혔다.

"저는 모든 직원들에게 존댓말을 씁니다. 회사에 있어서 CEO라는 건 제일 높은 사람이 아니라 단지 역할만 다른 사람입니다. 우리는 다 수평적인 사람이고, 당신은 당신이 하는 일이 있고, 나는 대외적으로 회사를 대표해서 하는 일이 있는 역할 분담만 다른 것이지 전혀 위에 있는 사람이 아닙니다. 그게 제가 가진 기본적인 생각입니다."

2011년 5월 2일, 안철수는 부산 고신대학교에서 초청 강연을 가진 바 있다. 그때 많은 사람들이 내심 '왜 지역을 대표하는 부산대학교가 아니라 생소한 고신대학교에서 강연을 가질까?'라는 의문을 가졌다. 보통 이름 있는 강사들은 유명 대학에서 강연을 하려는 경향이 있기 때문이다.

한 기자가 지방의 무명대학에서 강연을 진행하는 이유를 묻자 그는 이렇게 답했다.

"강연마다 보통 1,000명 이상의 학생들이 오는 것 같아요. 예전에 부산 경성대 강연 때는 강연장이 다 차고, 밖에서 1,500명이 스피커로 강연을 들었어요. 지역 학생들은 강연에 대한 갈증이 심해서인지 훨씬 집중도가 높아요. 그래서 일부러 부산대에서도 안 했어요. 지역에서 비교해도 기회가 많은 대표 대학은 빼고 가는 거죠."

유명대학은 자신이 하지 않아도 다른 유명 강사들의 강연을 들을 기회가 많기 때문에 비교적 혜택을 누릴 기회가 적은 무명대학을 택한다는 말이다. 나를 드러내는 데 마음을 쓰기보다 낮고 소외된 사람들에게 마음을 쓰는 이것이 바로 사회공익을 실현하는 안철수 스타일이다.

나는 안철수가 성공할 수 있었던 비결로 '겸손한 태도'를 꼽고 싶다. 사람들은 겸손한 사람에게 신뢰감과 더불어 열린 마음을 갖기 때문이다. 만일 그가 자신의 성공에 도취되어 거만한 태도를 지녔다면 지금의 그는 없을지 모른다. 사람들은 혼자 잘났다며 으스대는 사람을 좋아하지 않기 때문이다.

황희 정승과 더불어 청렴결백한 정치가로 이름을 높였던 맹사성. 그가 죄의정이라는 높은 벼슬에 이르기까지 그의 삶에 큰 영향을 끼

친 일화가 있다.

맹사성은 열아홉 살의 어린 나이에 장원급제하여 스무 살에 경기도 파주군수라는 자리에 올랐다. 일찍 성공한 만큼 자만심으로 가득 차 있던 어느 날 맹사성은 무명선사를 찾아가 물었다.

"스님이 생각하시기에 이 고을을 다스리는 사람으로서 최고로 삼아야 할 좌우명이 무엇이라고 생각하십니까?"

그러자 무명선사가 대답했다.

"그건 어렵지 않지요. 악한 일을 하지 말고, 착한 일을 많이 하시면 됩니다."

맹사성이 크게 웃으며 다시 물었다.

"그런 건 삼척동자도 다 아는 말이 아닙니까? 먼 길을 온 내게 해 줄 말이 고작 그것뿐이오?"

무명선사가 말했다.

"예, 어린아이도 다 알지만 실천에 옮김은 팔십 노인도 어려운 일이지요. 백 번 들어봄이 한 번 봄만 못하고, 백 번 봄이 한 번 깨닫는 것만 못하고, 백 번 깨닫는 것이 한 번 행동하는 것만 못하지요."

무명선사의 말을 듣고 난 맹사성은 이 스님 역시 여느 스님들과 별반 다를 게 없다는 생각이 들었다. 그래서 그만 자리에서 일어나려는데 무명선사가 차나 한 잔 하고 가라면서 그를 붙잡았다. 맹사성은 마지못해 다시 자리에 앉았다.

그런데 무명선사가 찻물을 따르는데 찻잔 가득 넘치도록 계속 따르고 있었다. 맹사성이 놀라서 소리쳤다.

"스님! 찻물이 넘쳐 방바닥을 적십니다."

무명선사는 태연하게 계속 찻잔에 차를 따르며 맹사성을 물끄러미 바라보고 말했다.

"찻물이 넘쳐 방바닥을 적시는 것은 알고, 지식이 넘쳐 인품을 망치는 것은 어찌 모르십니까?"

무명선사의 이 한마디에 맹사성은 부끄러움으로 얼굴이 상기되었다. 그는 황급히 일어나 문을 열고 나가려고 했다. 그러다가 그만 문틀에 머리를 세게 부딪히고 말았다.

그러자 무명선사가 빙그레 웃으며 말했다.

"고개를 숙이면 부딪치는 법이 없습니다."

그 뒤로 맹사성의 태도는 달라졌다. 착한 일을 행동으로 실천했던 것이다. 그리고 고개를 숙일 줄 아는 겸손한 사람이 되었다.

사람에게 있어 태도는 정말 중요하다. 태도를 보면 그 사람이 성공할 것인지, 실패할 것인지 알 수 있다. 지금 여러분은 인생이라는 마라톤의 출발선을 떠난 지 얼마 되지 않는다. 따라서 지금부터 인생에 긍정적인 영향을 미치는 태도를 갖도록 노력해야 한다. 다시 말하지만 태도 하나가 인생을 흥하게 할 수도, 망하게 할 수도 있기 때문이다.

자선사업가이자 작가인 클레멘트 스톤은 이렇게 말했다.

"사람들 사이에는 작은 차이가 있다. 그 작은 차이가 큰 차이를 만든다. 여기서 작은 차이란 태도이며 큰 차이란 그것이 긍정적이냐 부정적이냐 하는 것이다."

여러분이 가슴에 품고 있는 꿈은 원대하다 못해 눈부시다. 그러나 그 눈부신 꿈도 결실을 맺기 위해선 자신의 노력과 더불어 타인들의 도움이 필요하다. 성공한 사람들을 살펴보면 그들의 성공 이면에는 타인들의 도움이 있었다는 것을 알 수 있다. 그들이 타인들로부터 도움을 받을 수 있었던 것은 나를 낮추는 태도를 견지했기 때문이다. 그래서 성공한 사람들은 "꿈을 가진 사람은 겸손한 태도를 잊지 말아야 한다."고 조언한다.

존 맥스웰의 저서 『태도』에 보면 다음과 같은 내용이 있다. 이것을 보면 태도가 얼마나 중요한 것인지 확실히 느낄 수 있다.

- 태도는 자신을 가장 잘 드러내주는 안목이다.
- 태도의 뿌리는 마음속에 있지만 그 열매는 겉으로 드러난다.
- 태도는 가장 좋은 친구가 될 수도 있고 최악의 적이 될 수도 있다.
- 태도는 말보다 더 솔직하고 일관되게 자신을 보여준다.
- 태도는 과거 경험이 쌓여 만들어진 현재의 모습이다.
- 태도는 주변에 사람이 모이게 하기도 하고 흩어지게 하기도 한다.
- 태도는 반드시 겉으로 표현된다.

● 태도는 과거를 기록하는 사서이며, 현재의 대변자이며, 미래를 알
  려주는 예언자이다.

  여러분의 태도가 여러분을 성공으로 이끌 밑거름이 되길 바란다.

태도는 인생 최고의 자산이다

똑같이 절망적인 상황에 처해도 어떤 사람은 쉽게 포기해버리는 반면에 어떤 사람은 포기하지 않고 긍정적인 면에 초점을 맞춰 극복해나간다. 두 사람 중에 누가 더 성공할 확률이 높을까? 당연히 후자다. 성공에 적합한 태도를 지녔기 때문이다.

철학자 볼테르는 인생을 카드 게임에 비유했다.

"카드 게임을 하려면 누구나 자신에게 주어진 카드를 받아야 한다. 일단 카드를 손에 쥔 다음 어떤 카드를 내야 할지는 스스로 선택해야 한다. 위험을 감수하면서 어떤 행동을 취할지는 스스로 결정해야 한다."

태도는 인생 최고의 자산이다. 평소 하는 태도가 습관이 되고 그 습관이 인생을 좌우한다는 말이 있다. 따라서 지금 어떤 태도를 취하느냐에 따라 여러분의 미래는 눈부실 수도, 암울할 수도 있다.

세상에는 성공한 사람보다 실패한 사람들이 더 많다. 그들이 실패한 이유 가운데 하나를 꼽는다면 '태도'를 들 수 있다. '디테일 전도사'로 잘 알려진 왕중추의 저서 『디테일 경영』에 나오는 일화를 통해 태도가 얼마나 중요한지 새삼 느낄 수 있다.

중국 둥베이 지역의 한 국유기업이 미국 대기업과 제휴를 추진하고 있었다. 물심양면으로 노력해 제휴를 성사시키기 위한 모든 준비가 완벽하게 마무리되었다고 판단한 기업은 미국 측에 시찰단 방문을 요청했다.

초청을 받아 방문한 미국 기업 대표는 중국 측 임원과 함께 생산 공장과 기술 센터 등을 돌아보고 설비와 기술 수준, 근로자들의 작업 태도 등을 세심하게 관찰한 후 '제휴 가능'이라는 결론을 내렸다.

오랜 노력이 결실을 거두게 된 것을 크게 기뻐하며 해당 기업은 미국 대표를 만찬에 초대했다. 만찬 장소는 한 고급 호텔이었고 20여 의 간부와 시청 공무원들이 참석했다. 기업체 행사에 참석하는 정도로 여겼던 미국 대표는 만찬이 자기 한 사람을 위해 준비되었다는 사실을 알고는 이해할 수 없다는 반응을 보였다.

미국 대표가 본국으로 돌아가고 난 후 팩스 한 통이 날아들었다. 그 팩스에는 제휴하지 않기로 했다는 통보가 담겨 있었다. 중국 측 기업은 미국 측 기업이 원하는 조건을 제시했을 뿐 아니라 후하게 대접했기 때문에 당연히 제휴가 성사될 것으로 장담하고 있었다. 그런데 갑자기 날아든 제휴 불가 통보에 중국 측은 혼란에 빠졌다.

중국 측은 미국 측에 그 이유를 물었다. 그러자 미국 측은 이렇게 답했다.

"당신들이 한 끼 식사에 그렇게 많은 돈을 낭비하는 것을 보고 적잖이 놀랐습니다. 이처럼 돈을 함부로 낭비하는 기업에 거액의 자금을 투자하는 일은 위험한 일이라고 판단했습니다."

중국 기업이 미국 대표를 위해 만찬을 베풀어 낭비한 것은 미국 대표에게 "우리는 겉치레에 신경을 많이 씁니다."라고 광고하는 것과 같았던 것이다. 어느 기업이 낭비가 심한 기업에 선뜻 거액을 투자하겠는가.

윈스턴 처칠은 "태도는 사소한 것이지만 그것이 만드는 차이는 엄청나다."라고 말했다. 어떤 마음가짐을 갖느냐가 어떤 일을 하느냐보다 더 큰 차이를 만들 수 있다. 스스로에게 갖는 태도는 물론, 밖으로 드러나는 태도는 그 사람에 대한 평가를 완전히 바꿔 놓을 수 있다. 지금 여러분은 일상을 살아가는 자신의 태도가 어떤지 체크해 볼 필요가 있다.

세계적인 심리학자 빅터 프랭클. 오스트리아에서 태어난 유대인으로 신경정신과 의사였던 그는 2차 세계대전 때 부모님과 아내, 형제, 친구들과 함께 기차에 실려서 아우슈비츠 수용소로 끌려갔다. 가족들은 도착하자마자 모두 뿔뿔이 흩어졌다. 그는 그곳에 수감되어 있는 동안 말로 표현하기 힘든 끔찍한 일들을 경험했는가 하면 임신한 아내와 부모님, 형제들까지 잃고 말았다.

그는 2차 세계대전이 끝날 때까지 악명 높은 아우슈비츠를 비롯한 여러 수용소에 갇혔다. 수많은 유대인이 가스실에서 죽어갔지만 그는 결코 희망을 버리지 않았다.

아우슈비츠 수용소에 갇힌 유대인들은 견디기 힘든 중노동을 하면서 제대로 먹지 못하는 것은 물론이거니와 씻을 물은 아예 없고 마실 물조차 얻기 어려운 생활을 했다. 그러나 그는 하루에 한 컵씩 배급되는 물을 받으면 반만 마시고, 나머지는 세수를 위해 아껴두었다. 그리고 유리조각으로 면도까지 했다고 한다. 마시기에도 턱없이 부족한 물로 세수를 하려니까 깨끗하게 되지 않는 데다가 유리에 베이기도 했는데 그럼에도 불구하고 몸 씻기와 면도를 게을리하지 않았다. 그리고 결코 낙담하거나 절망적인 말을 입에 담지 않았다.

다른 유대인들은 가축우리처럼 지저분한 수용소에서 병약해진 몸으로 희망을 잃은 채 마치 동물처럼 살아가고 있었지만 그는 인간이기를 포기하지 않고 자신을 갈고 닦으며 희망을 다졌다. 그 덕분에 다른 유대인들보다 건강하고 깨끗해 보여서 죽음의 가스실로 끌려들어 가는 것을 면할 수 있었다. 그리고 끝까지 살아남아 아우슈비츠 수용소에서 해방될 수 있었다.

빅터 프랭클은 「뉴욕 타임스」와의 인터뷰에서 절망적인 상황에서도 삶에 대한 희망을 가질 수 있었던 비결을 이렇게 말했다.

"주어진 상황에서 자신의 태도를 선택하고 그리하여 자기만의 삶의 길을 선택하는 것이 인간이 누릴 수 있는 최후의 자유이다."

언제 죽을지 모르는 암울한 상황에서도 그는 긍정적인 마음가짐을 잃지 않는 태도를 선택했다. 그리고 2차 세계대전이 끝난 후 로고테라피(logotherapy 의미치료)라는 심리 치료 이론을 만들어 많은 사람들에게 도움을 주는 훌륭한 의사로 거듭났다.

빅터 프랭클은 힘들 때나 기쁠 때나 한결같이 긍정적인 태도를 유지했다. 그의 말에 귀 기울여보자.

"누구나 삶으로부터 질문을 받는다. 그 질문에 대해서는 자신의 삶을 통해서만 대답할 수 있다. 자신의 삶에 온전히 책임을 질 때에만 삶이 던지는 질문에 답할 수 있다."

나는 빅터 프랭클의 말에 동감한다. 사실 모든 사람들이 성공적인 인생을 살기 위해선 자기 주도적인 인생을 살아야 한다는 것을 잘 알고 있다. 그럼에도 불구하고 그들은 자기 주도적인 인생을 살지 못한다. 타인 주도적인 태도가 습관이 되었기 때문이다. 한 번 몸에 밴 태도를 바꾸기란 여간 힘든 것이 아니다. 그러나 지금보다 더 나은 내일을 살고자 한다면 힘들어도 예전의 태도를 바꾸어야 한다. 어떻게 하면 좀 더 수월하게 태도를 바꿀 수 있을까? 정신과 의사인 윌리엄 글라서는 이렇게 말했다.

"만일 자신의 태도를 바꾸기 원한다면 우선 자신의 행동을 변화시켜야 한다. 다시 말해 닮고 싶은 사람의 행동을 의식적으로 따라해 보는 것이다. 그러면 두려워하던 자신의 모습은 점차 사라지게 된다.”

사실 오랜 세월 동안 몸에 밴 태도를 혼자서 바꾸기란 쉽지 않다. 그럴 때 자신이 본받고 싶은 롤모델을 활용하면 훨씬 수월하다. 롤모델을 보면서 ‘나도 저렇게 되어야지’ 하는 자극을 받기 때문이다. 그래서 많은 사람들이 롤모델을 설정해 그들을 따라하는 것이다. 그렇게 함으로써 부정적인 태도를 긍정적인 태도로 변화시킬 수 있을 뿐 아니라 성공에 이르기까지의 시행착오를 줄일 수 있다.

나는 그동안 다양한 분야에서 최고가 된 사람들의 성공 비결을 연구하고 분석해왔다. 그들의 성공 비결 가운데 확연히 눈에 띄는 것이 있었다. 바로 ‘태도’였다. 그들은 어떤 상황에 놓여도 긍정을 잃지 않았다. 언젠가 축구선수 이영표가 상대팀 선수의 격한 태클로 부상을 당한 적이 있었다. 한 기자가 그에게 속상하지 않은지 물었다. 그러자 이영표는 이렇게 답했다.

“나는 프로다. 프로는 그라운드 안에서 벌어지는 모든 일에 책임을 져야 한다. 그것이 비록 정당하지 않은 일이라도, 프로이기에 감당해야 하는 것이다.”

이영표의 말은 심리학자 데니스 웨이트리의 말과도 일치한다.

“승자의 강점은 타고난 출생, 높은 지능, 뛰어난 실력에 있는 것이 아니다. 승자의 강점은 소질이나 재능이 아닌 오직 태도에 있다.”

　여러분은 세상의 들러리가 아닌 주인공이다. 또한 자기 인생이라는 영화의 주연이다. 따라서 항상 자기 주도적인 태도를 견지해야 한다. 이처럼 자기 주도적인 태도로 세상을 살아갈 때 세상은 여러분을 주인으로 인식하게 된다.

04

노력은 꿈을 현실로 만드는 힘이다

시간이 언제나 당신을 기다리고 있다고 생각하지 마라.
게을리 걸어도 결국 목적지에 도달할 날이 있을 것이라는
생각은 잘못이다. 하루하루 전력을 다하지 않고는
그날의 보람은 없을 것이며
동시에 최후의 목표에 도달하지 못할 것이다.

— 요한 볼프강 폰 괴테(독일의 시인·극작가)

준비된 자가 기회를 완성한다

어느 분야에서건 잘나가는 사람, 성공하는 사람이 있다. 이들에게는 한 가지 공통점이 있는데, 바로 준비성이다. 어떤 일을 하기 전에 미리 철저하게 계획하고 준비할 때 기회를 내 것으로 만들 수 있기 때문이다.

'아시아의 빌 게이츠'라 불리는 세계적인 부호 소프트뱅크주식회사 손정의 회장. 일본이 배출한 디지털 시대의 가장 성공한 기업인이자 세계적으로 가장 명망이 높은 IT 산업의 리더 중 한 명으로 꼽히는 그는 많은 노력과 뛰어난 혜안으로 가난과 고통을 이겨내고 일본 경제의 거목이 되었다.

손정의는 정보 혁명을 통해 모든 사람을 행복하게 만든다는 비전을 갖고 1981년 소프트뱅크를 설립했다. 창업 후 10여 년간 컴퓨터 소프트웨어 및 하드웨어의 유통을 기반으로 회사를 성장시킨 그는 지난 1995년, 전 세계 IT 관련 정보의 흐름에서 최전방에 서기 위해 당시 세계적인 컴퓨터 관련 전시행사 업체 중 하나인 컴덱스를 미화 8억 달러에 인수하는 결정을 내렸다.

그가 컴덱스를 인수할 때 5분 만에 담판을 지은 일화는 유명하다. 손정의는 컴덱스 창업자이자 컴덱스의 소유권을 가지고 있던 셸던 아델슨 사장에게 이렇게 제안했다.

"얼마를 받고 싶습니까? 딱 한 번만 말하세요. 타당한 가격이라면 흥정하지 않고 지급하겠습니다."

아델슨 사장은 손정의의 갑작스러운 제안에 당황했지만 잠시 생각에 잠긴 뒤 8억 달러를 제시했다. 그러자 손정의는 5분도 채 걸리지 않아 "오케이!"를 외쳤다. 천문학적인 액수를 단 몇 분 만에 결정한 것처럼 보였지만 그는 이미 컴덱스와의 인수합병이 미래에 어떤 영향을 미칠지를 분석한 2만 장 분량의 보고서를 세세하게 파악한 후였다. 특히 검토 후 컴덱스 인수 상한가를 8억 5,000만 달러로 정해둔 상태였다. 따라서 8억 달러를 제시한 아델슨 사장의 제안에 흔쾌히 응할 수 있었던 것이다.

손정의 회장은 이렇게 말했다.

"나는 최고가 되지 못할 바에는 처음부터 아예 손을 대지 않습니다. 질 게 뻔한 싸움은 절대 하지 않습니다."

손정의 회장은 처음부터 끝까지 철저하게 철두철미한 사람이다. 그랬기에 일본의 최고 부자가 될 수 있었다. 많은 사람들은 노력만

하면 무조건 성공한다고 믿는다. 그러나 절대 그렇지 않다. 무조건 노력만 한다고 해서 성공한다면 세상은 성공한 사람들로 넘쳐날 것이기 때문이다.

성공하기 위해선 몇 가지 성공 요소가 필요하다.

① 확고한 꿈

② 지독한 노력

③ 포기하지 않는 인내

④ 성공에 대한 확신

여기에 철저한 계획과 준비성이 뒷받침되어야 한다. 모든 사람은 꿈이 있고 나름대로 최선을 다해 노력한다. 그런데도 불구하고 성공한 사람과 실패한 사람으로 나뉜다. 그 이유는 다음 일화에서 찾을 수 있다.

2002년 1월, 중국 최대 국영방송 CCTV에서 한 편의 광고가 방영되었다. '펜티엄4 컴퓨터 한 대에 4,888위안!'이라는 문구가 실린 광고는 단숨에 시청자들의 눈을 사로잡았다. 당시 시중에서 팔리는 펜티엄4 노트북 평균 가격의 절반에도 못 미치는 가격이었다. 광고가 나가자 중국 전역의 하시 매장마다 저렴한 노트북을 구입하려는 사람들이 줄을 지었다. 한마디로 완전 대박이었다.

경쟁업체들은 무명 기업인 하시가 적자를 감수하면서까지 판매를 한다고 생각했다. 그렇게 낮은 가격으로는 도저히 노트북을 만들 수 없기 때문이다. 그러나 이는 그들의 오산이었다. 하시는 설립한 지 반년도 채 지나지 않아 무려 1천만 위안이 넘는 순익을 올렸던 것이다. 뿐만 아니라 그해 7월, 판매 가격이 3천 위안도 안되는 저가의 데스크탑 컴퓨터를 출시했는가 하면, 이듬해에는 6천 위안짜리 고급 사양의 노트북을 판매해 노트북 시장에 또 한 번의 폭풍을 몰고 왔다. 당시 경쟁업체들의 노트북은 1만 5천 위안이 넘었다. 중간 사양이라고 해도 최소 1만 위안이었기 때문에 경쟁업체들은 하시가 어떻게 고급 사양의 노트북을 그렇게 저렴하게 판매할 수 있는지 의아해했다.

하시의 우하이쥔 사장은 그 비결을 이렇게 말했다.

"원가 최소화 전략으로 일반 가정을 공략했습니다. 그렇다고 무턱대고 가격을 낮춘 것은 아닙니다. 사전에 수익 목표를 세우고 가장 합리적인 수준에서 수익을 창출했습니다. 컴퓨터 시장의 자원을 면밀히 분석하고 우리가 가진 기술력을 바탕으로 새로운 시장을 만들었습니다. 마케팅에는 세 가지가 있습니다. 첫째는 차별화입니다. 그런데 가전제품은 범용성이 강하기 때문에 차별화 경쟁이 쉽지 않습니다. 기술 혁신은 매우 힘든 일이지만 아무리 대단한 혁신이라도 소비자 마음을 사로잡을 수 있을지 장담할 수 없습니다. 둘째는 시장 세분화 전략입니다. 예를 들어 특정 분야에서 사용하는 전용 컴퓨터를 개발하는 것입니다. 그러나 이 역시 기반이 탄탄하지 못한 우리에게는 불가능합니다. 우리가 선택할 수 있는 것은 '배수진'뿐이었습니다. 이미 유명 브랜드가 나누어 가진 시장을 빠르게 공략해야 승산이 있었습니다. 그래서 선택한 방법이 바로 셋째, 원가절감 전략입니다. 우리는 원가절감 전략으로 경영비용을 효과적으로 줄였을 뿐 아니라 새로운 브랜드 창출로 주류 시장에서 확실히 자리매김할 수 있었습니다."

그렇다면 하시의 우하이쥔 사장은 어떻게 원가절감을 할 수 있었을까? 그 답은 철저한 계획과 준비에 있었다. 2001년 초 중앙처리장치(CPU) 기술 발달로 컴퓨터 메인보드에 일부 변화가 생길 것이라는 소문이 업계에 무성했다. 많은 기업들은 기존 CPU를 포기하고 새로운 CPU 사용을 위한 준비에 박차를 가했다. 미국과 유럽 업체들을 비롯해 한국, 일본, 중국, 홍콩, 대만의 기업까지 일제히 보유하고 있던 CPU 재고 처분을 서둘렀다. 당시 컴퓨터 메인보드를 만들고 있던 하시의 우하이쥔 사장은 업계의 이러한 변화에서 기회를 포착했다.

그는 당시를 이렇게 회고했다.

"재고 처분이 시작된 CPU를 헐값에 사들인다면 저렴하면서 질 좋은 컴퓨터 생산이 가능하다는 판단이 들었습니다."

기업들이 앞다투어 재고를 처분하는 CPU는 아직 수요가 많이 있고 이미 검증된 제품들이었다. 그는 저렴한 가격을 경쟁력으로 내세운다면 충분히 승산이 있다는 확신이 들었다. 그렇게 해서 그는 아주 싼 가격에 CPU와 몇몇 부품을 대량으로 사들였다. 그리고 그 부품들을 활용해 4,888위안짜리 노트북을 만들었다. 부품 가격이 워낙 낮았기 때문에 경쟁업체들보다 훨씬 싸게 팔아도 수익이 남았던 것이다.

하시의 우하이쥔 사장 역시 앞서 소개한 손정의 회장처럼 철두철미한 사람인 것을 알 수 있다. 이처럼 사전에 미리 계획하고 준비한 사람은 성공할 수밖에 없다. 계획하고 준비하는 과정에서 실패 요인을 미리 제거하거나 그에 대한 대비를 하기 때문이다.

여러분의 인생은 걸음마 단계에 있다. 지금부터 인생을 어떻게 계획하고 준비하느냐에 미래가 달렸다고 해도 과언이 아니다. 계획성과 준비성은 공부와 일, 모든 것에 해당된다. 지금부터 성공하는 습관, 즉 계획하고 준비하는 것을 습관화해야 한다.

계획하고 준비하라. 준비된 사람이 기회를 포착할 뿐 아니라 자기 것으로 만든다. 성공은 어느 한순간에 얻어지는 것이 아니다. 조금씩의 계획에 의해 완성되는 것임을 잊지 않기 바란다.

질투는 나를 움직이는 에너지다

자신보다 더 잘나가는 사람들을 보면 은근히 배 아파하는 사람들이
있다. 그들은 이렇게 비아냥거린다.

"운이 좋았던 거야."

"다 부모 잘 만난 덕이라니까."

그러나 나는 자신 있게 말할 수 있다. 자신보다 더 잘나가는 사람
들을 보며 욕하는 사람 치고 성공하는 사람 없다고. 정말 그렇다. 다
른 사람의 성공을 보며 질투하고 부러워하는 사람들이 발전 지향적
이고 성공하게 마련이다. 그들의 질투와 부러움 속에는 '우와, 나도
꼭 저렇게 성공해야지.' '저 분도 온갖 고생 끝에 성공했으니 나도
해낼 수 있어.' 이런 건전한 욕망이 생겨난다. 동기부여가 된다는 말
이다. 그래서 더욱 분투하며 노력하게 되고 결국 성공하게 된다.

나이 지긋한 아저씨 한 분이 나와서 "참 좋은데…… 정말 좋은

데…… 표현할 방법이 없네.” 라고 말하는 ‘산수유 광고’. 이 광고를 모르는 사람은 없을 것이다. 이 광고는 각종 개그프로그램에서 패러디되었는가 하면 현재까지도 사람들의 입에 오르내리는 획기적인 광고로 꼽힌다. 이 광고의 주인공이 바로 중견 건강식품기업 천호식품 김영식 회장이다.

김영식 회장은 파란만장한 인생 속에서 진주 같은 성공을 빚어냈다. 그는 지난 1984년부터 건강식품을 개발·판매하여 부산지역 100대 현금 보유 자산가에 들 정도로 성공가도를 달렸다. 그러나 성공에 도취되어 경험이 없던 사업에 뛰어들어 무리하게 확장하던 중 IMF를 맞아 모든 재산이 압류되고 결국 파산을 맞게 되었다. 그리하여 부산지역 100대 현금 보유 자산가로 꼽히던 사람이 100대 부채보유자로 전락하게 됐지만 살겠다는 일념과 각오로 재기에 성공해 지금에 이르렀다.

김영식 회장은 저서 『10미터만 더 뛰어봐!』에서 이렇게 말한다.

나는 대학생들을 상대로 강연을 자주 하는 편이다. 강연을 끝내기 10분 전쯤에는 꼭 이렇게 말한다.

“여러분, 혹시 ‘골프 치는 놈들, 벤츠 타는 놈들’ 하고 욕할 사람 있으면 손 한번 들어보세요.”

학생들은 아무도 손을 들지 않는다. 이미 내 얘기를 들었기 때문이다. 아마도 그들 중 일부는 과거에 ‘골프 치는 놈들, 벤츠 타는 놈들'이라고 욕하곤 했을 것이다. 나는 이렇게 말해준다.

"제가 바로 골프 치는 놈, 벤츠 타는 놈입니다. 여러분 저한테 욕할 수 있겠습니까? 여러분도 성공해서 골프 치고 벤츠 타십시오."

김영식 회장이 이렇게 말하는 데는 그만한 이유가 있다. 부도를 맞고 200여 명이던 직원들도 모두 떠난 그에게 남은 것은 약 20억 원의 빚뿐이었다. 당시 그는 한 끼 밥값 5,000원을 아끼기 위해 소주 한 병과 600원짜리 소시지 하나로 허기를 달랬다.

그런 그에게 골프를 치고 벤츠를 타고 다니는 잘나가는 친구들은 그가 힘든 상황인 줄 뻔히 알면서 함께 골프 치러 가자며 비아냥거렸다. 그때 그는 아무리 친구라도 처지가 달라지면 함께 어울리기 힘들다는 것을 깨달았다. 그렇다고 골프 치고 벤츠 타는 친구들을 욕하지 않았다. 오히려 그들을 부러워하며 자신도 반드시 다시 일어서리라 다짐했다.

그는 지독한 노력으로 재기에 성공해서 현재 천호식품의 오너 경영자로 우뚝 섰다. 200여 명의 직원이 150여 종이 넘는 건강식품을 만들고 있다. 과거에는 택시를 탈 돈도 없었지만 현재는 골프를 치고 벤츠를 타고 다닌다.

김영식 회장은 이렇게 말한다.

"만약 내가 그 시절에 잘나가는 친구들을 가리켜 '골프 치는 놈들, 벤츠 타는 놈들' 하고 비아냥거렸다면, 나는 지금 벤츠는커녕 중고

차도 타지 못하고 밥값 5,000원이 없어 식당에도 들어가지 못할 것이다."

그는 꿈을 실현하고자 한다면 나보다 더 잘나가는 사람들을 뒤에서 욕하기보다 오히려 부러워하라고 말한다. 부러워할 때 '나도 저 사람처럼 성공해야지.' 하는 건전한 욕망이 생겨나기 때문이다. 그 다음 작은 목표를 세우고 이를 실천하기 위해 매일 자기 자신에게 '성공 암시'를 할 때 조금씩 성공과 가까워진다는 것이다.

한 인터뷰에서 그는 이렇게 말했다.

"저는 '성공하고 싶으면 표현하라'고 늘 강조합니다. 제가 IMF 외환위기 때 한번 망하고 무일푼으로 다시 시작하면서 세운 목표가 '쑥을 팔자. 못 팔면 죽는다'였어요. 그리고 직접 강남역 2번 출구 앞에서 전단을 돌리고 오후에 사무실로 와서는 전화번호부를 뒤져 사람들에게 시제품을 보내주겠다고 전화를 했습니다. 퇴근 시간도 없이 그렇게 정신없이 판매에 매달렸지요. 결국 23개월 만에 사업으로 진 빚 22억 원을 다 갚았습니다."

'부러워하면 지는 거다'라는 말이 있다. 그러나 절대 그렇지 않다. 부러워해야 이길 수 있다. 앞에서 부러워하지 않고 뒤에서 비아냥거리거나 험담하는 것은 성공의 가능성이 보이지 않는 사람들이나 하는 짓이다. 진정으로 성공하는 인생을 살고자 하는 사람은 나보다 더 잘나가는 사람들을 보면 팔불출처럼 마냥 질투하고 부러워한다. 그러면서 자신도 성공하기 위한 방안을 찾게 되는 것이다.

성적을 올리고 싶다면 공부 잘하는 친구들을 욕하기보다 그 친구들을 부러워하라. 욕하고 험담하게 되면 자연스레 그 친구들과 멀어지게 된다. 반면에 질투하고 부러워하게 되면 자신도 모르게 그 친구들을 배우기 위해 노력하게 된다. 그러면서 자신 역시 치열하게 공부하게 되고 결국 성적이 오른다.

현재 나는 과거의 꿈이었던 책 쓰고 강연하는 일을 하고 있다. 이 일은 아무리 많이 해도 전혀 힘들지 않다. 가슴이 시키는 일이기 때문이다. 내가 지금에 이르기까지는 나보다 더 잘나가고 성공하는 사람들을 질투하고 부러워했기 때문이라는 생각이 든다. 질투와 부러움이 나를 성공으로 이끈 에너지였다.

여러분도 질투와 부러움을 성공으로 이끄는 에너지로 삼아보라. 지금보다 훨씬 수월하면서도 빨리, 원하는 꿈과 목표에 도달할 수 있을 테니까.

시련의 허들을 과감히 뛰어넘어라

과거 인도양의 모리셔스 섬에 지금은 멸종되고 없는 도도새가 살았다. 당시 모리셔스 섬에는 포유류가 없었고 아주 다양한 종의 조류들이 울창한 숲에서 서식하고 있었다. 도도새에게는 모리셔스가 지상낙원과도 같았다. 먹이가 풍부하고 천적도 없으니 힘들게 날아오를 필요도 없었다. 이곳에서 도도새는 오랫동안 아무런 천적 없이 살았고, 하늘을 날아야 할 필요가 없어져 날 수 있는 능력을 잃었다.

1505년 포르투갈 인들이 최초로 모리셔스 섬에 발을 들여놓게 되었다. 그런데 도도새들은 사람이 다가가도 날아갈 줄을 몰랐다고 한다. 그래서 포르투갈 인들이 '바보, 멍청이'라는 의미로 붙여준 이름이 도도였다. 시간이 지나면서 모리셔스 섬은 향료 무역을 위한 중간 경유지가 되었다. 23kg 정도의 무게가 나가는 도도새는 신선한 고기를 원하는 선원들에게 더없이 좋은 사냥감이었다. 이로 인해 많은 수의 도도새가 죽어갔다. 모리셔스 섬에 인간이 발을 들여놓은 지 100년 만에 한때 많은 수를 자랑하던 도도새는 희귀종이 되어버렸으며 1681년, 마지막 도도새가 죽임을 당했다. 학자들은 도도새의 멸종 이유를 모리셔스 섬에 천적인 포유류가·없었기 때문이라고 말한다. 사방에 먹이가 풍부했을 뿐 아니라 천적이 없었기 때문에 날아오를 생각을 하지 못한 것이 멸종의 결정적인 요인이라는 것이다.

시련이 없다면 사람도 멸종된 도도새 신세에 지나지 않는다. 시련이 없다면 내면에 잠들어 있는 잠재력을 깨닫지도 못한 채 생을 마감할 것이기 때문이다.

소설 『스타일』 『아주 보통의 연애』의 저자 백영옥. 서점 에디터, 패션지 기자 출신의 그녀는 『스타일』로 지난 2008년, 1억 원 고료의 세계문학상을 수상하며 스포트라이트를 받았다.

사람들은 그녀를 보며 그야말로 평범한 직장인에서 한순간에 인생 역전한 신데렐라로 생각한다. 그러나 그 반대다. 그녀는 소설 『아주 보통의 연애』 서문에 다음과 같이 적었다.

"무수히 많은 실패를 견디게 했던 것도 결국 쓰고자 하는 열망 때문이었다."

백영옥은 소설 『스타일』로 화려하게 데뷔하기 전까지 10년가량 직장생활을 해온 평범한 직장인이었다. 그녀는 등단하기 전, 13년을 신춘문예에 응모했다고 한다. 그동안 백 번 넘게 응모했지만 결과는 낙방이었다. 그래도 그녀는 직장생활을 하면서 소설 쓰기를 멈추지 않았다. 초등학교 2학년 때부터 가졌던 소설가의 꿈을 실현하고 싶었기 때문이다. 물론 그녀라고 왜 포기하고 싶은 마음이 들지 않았겠는가? 그녀는 자신의 소설이 응모에서 떨어질 때마다 많이 좌절했다고 한다.

"자꾸 떨어지니까 많이 힘들었다. 얼마나 서럽게 울고 그랬는지 모른다. 서른 살 넘어가면서 소설이 안 되니까 드라마나 영화를 써야 하나 고민도 했다. 그래도 단 한 번도 내 꿈에 대해서는 의심하지 않았다. 많이 떨어지면서 터득하게 된 내 나름의 지혜가 있다. 성공보다는 실패를 받아들이는 특유의 방식이 그 사람의 삶의 질을 결정한다는 것이다. 만약 실패를 폭력적인 방식으로 받아들이게 되면 사람이 너무 많이 다친다. 실패를 어떻게 받아들일 것이냐에 대한 자기 철학이 중요하다."

백영옥은 신춘문예 등 문학상에 떨어질 때마다 좌절하고 방황했지만 꿈을 포기하지 않았다. 소설 쓰기를 멈추지 않았다는 말이다. 그 결과 소설 『스타일』로 2008년 1억 원 고료의 세계문학상을 수상하며 스포트라이트를 받는 주인공이 될 수 있었다.

"그래도 나는 운이 좋았다. 기회가 왔을 때 준비가 되어 있었고, 그래서 잡을 수 있었으니까."

프랑스의 소설가 쥘 베른 역시 무명시절, 누구보다 힘든 시간을 보내야 했다. 그는 고생 끝에 처녀작 『기구를 타고 5주일』을 썼지만 출판사들로부터 무려 15차례나 거절을 당했다.

그는 자신의 작품이 출판사들로부터 외면을 당하자 분노가 치밀었다. 어느 날 그는 자신에게 소설을 쓸 재능이 없다는 생각이 들어 원고를 난로 속에 던져버렸다. 다행히 그의 아내가 재빨리 꺼내 원고가 불타 없어지는 것을 막을 수 있었다.

아내는 언젠가 세상이 그의 재능을 알아줄 날이 올 것이라고 격려했다. 그는 아내의 격려에 힘입어 용기를 내어 16번째로 출판사에 원고를 보냈다. 그리고 얼마 후 출판사로부터 책으로 출간하고 싶다는 연락을 받았다. 그렇게 해서 20년 기한의 장기 계약이 체결되었고, 그가 힘들여 쓴 처녀작이 세상에 빛을 보게 되었다.

책은 출간되자마자 세계적으로 큰 반향을 일으키며 그를 베스트셀러 작가로 거듭나게 했다. 첫 책의 성공으로 부와 명성을 얻은 그는 좋아하는 여행을 마음껏 즐기며 일생 80여 편의 작품을 남겼다.

사람들은 시련과 맞닥뜨리면 두 부류로 나뉘게 된다. 시련에 정면으로 맞서 싸우는 사람과 달아날 궁리부터 하는 사람이다. 전자는 넘어지고 깨지고 하면서도 결국 시련을 극복한다. 시련을 극복하는 과정에서 더 멀리 나아가는 비결을 깨닫게 된다.

그러나 후자는 어떤가? 당장은 시련으로부터 달아날 수 있어 넘어지고 깨지는 일은 없지만 얼마 못 가 같은 시련에 처하게 된다. 신은 우리가 숙제를 마칠 때까지 계속 숙제를 내주기 때문이다. 시련은 절대 혼자 오지 않는다. 시련을 통해 지금보다 더 잘할 수 있는 지혜를 동반한다. 그래서 성공한 사람들은 시련을 반갑게 맞이한다. 그 시련을 자신의 그릇을 키울 수 있는 계기로 삼는 것이다.

현대그룹 창업자 정주영 회장은 저서 『시련은 있어도 실패는 없다』에서 다음과 같이 말했다.

"자신이 이루고자 하는 일이 시련과 역경에 부딪쳐 그르치게 되면 보통 사람들은 절망하게 된다. 그러나 이것은 시련이지 실패가 아니다. 내가 실패라고 생각하지 않는 한 이것은 실패가 아니다. 나는 생명이 있는 한 실패는 없다고 생각한다. 내가 살아 있고 건강한 한 나한테 시련은 있을지언정 실패는 없다."

그렇다. 세상에 시련은 있어도 실패는 없다. 될 때까지 계속 시도한다면 결국 성공에 이르게 된다. 성공에 도달할 때까지의 과정은 실패가 아니라 성공하는 방법을 찾는 실험이라고 여겨야 한다.

애플사의 CEO였던 스티브 잡스는 시련이야말로 인생을 더욱 의미 있고 가치 있게 해준다고 말했다. 그는 2005년 스탠포드 대학 졸업식 축사에서 이렇게 말했다.

"제가 애플사에서 해고당하지 않았다면 결코 지금과 같은 성공을 이루지 못했을 것입니다. 정말 독하고 쓴 약이었지만 환자는 이런 약이 필요한 것 같습니다. 때로 인생이 여러분의 뒤통수를 내려치더라도 결코 믿음을 잃지 마십시오. 저는 제 일을 사랑했기 때문에 계속해서 할 수 있었다고 확신합니다."

스티브 잡스에게 해고라는 시련이 없었다면 지금의 그는 없었을 것이다. 어느새 우리의 필수품이 되어버린 아이팟, 아이폰이나 아이패드도 세상에 나오지 못했을 것이다. 그가 자신의 잠재력을 발견하여 자신의 분야에서 정상에 우뚝 설 수 있었던 것은 시련이라는 허들 앞에 멈추지 않고 과감히 뛰어넘었기 때문이다.

미국의 인기 칼럼니스트 앤 랜더스의 말을 곱씹어 보라.

"시련은 누구도 피할 수 없는 삶의 일부다. 시련이 찾아오거든 고개를 꼿꼿이 들고 시련의 눈을 정면으로 응시하고 이렇게 말하라. '내가 너보다 훨씬 더 커질 거야. 그래서 너는 나를 절대로 쓰러뜨릴 수 없어.'"

시련은 우리를 더욱 크고 위대하게 만들어주는 인생의 프로그램이라는 것을 기억하길 바란다.

성공의 비밀은 마지막 1퍼센트에 있다

강연에서 청소년들에게 종종 이렇게 물어본다.

"여러분, 세상에는 성공한 사람들보다 그렇지 못한 사람들이 더 많아요. 그 이유가 무엇이라고 생각하나요?"

다양한 대답들이 쏟아진다.

"머리가 나빠서." "공부를 제대로 하지 못해서." "꿈이 없어서." "노력하지 않아서." "중도에 포기해서." "욕심이 없어서."

물론 그들의 대답은 모두 맞다. 하지만 나는 성공의 비밀은 마지막 1퍼센트에 있다고 생각한다. 그 1퍼센트는 기회와 행운을 포착하는 능력이다. 여러분 중에 "그런 능력은 타고나는 것 아닌가요?"라고 반문하는 친구도 있을 것이다. 절대 그렇지 않다. 본인의 노력 여하에 따라 얼마든지 기회와 행운을 포착하는 능력을 향상시킬 수 있다. 다음에 소개하는 실험을 통해 성공의 비밀인 마지막 1퍼센트에 대해 알아보자.

영국 하트퍼드셔대학의 리처드 와이즈먼 교수는 상대방이 행운아인지, 불운아인지를 구분하는 흥미로운 실험을 했다. 그는 실험에 참여한 사람들에게 신문을 건네고 전체 지면에 사진이 몇 장 실려 있는지 세도록 했다. 불과 몇 초 만에 그 작업을 마치는 사람이 있는가 하면 2~3분이 걸리는 사람도 있었다. 그런 차이가 생기는 이유는 신문의 2면에 있었다. 신문의 2면에 4센티미터의 글자 크기로 다음과 같은 메시지를 끼워 넣어두었던 것이다.

숫자 세기는 이제 그만하십시오.
이 신문에는 43장의 사진이 있습니다.

그런데 많은 사람들이 이 커다란 메시지를 발견하지 못하고 지나쳤다. 사진 찾기에만 열중한 나머지 문구를 놓친 것이다.

와이즈먼 교수에 따르면 이 메시지를 곧장 알아차리는 사람은 자기 주변에서 무작위로 일어나는 기회에 반응할 수 있는 사람, 즉 행운을 잡을 수 있는 사람이다. 반면에 메시지를 놓친 사람은 우연의 기회를 놓치기 쉬운 불운아에 가까운 사람이라는 것이다.

그는 또 다른 실험도 진행했다. 신문의 중간쯤에 역시 커다란 글자로 다음과 같은 메시지를 끼워 넣었다.

숫자 세기는 이제 그만하십시오.

실험자에게 이 문구를 보았다고 하면 250달러를 받을 수 있습니다.

운이 없는 사람들은 여전히 사진을 찾는 데만 급급했다. 그 결과 메시지를 발견하지 못하고 250달러를 손에 쥘 기회를 놓쳤다. 이와 달리 운이 좋은 사람에 속하는 메시지를 발견한 사람은 250달러를 거머쥐었다.

와이즈먼 교수는 행운아의 특징을 네 가지로 꼽는다.

① 행운의 기회를 자주 접한다.

② 직감을 믿고 실제로 왜 그러는지도 모르면서도 좋은 결정을 내린다.

③ 실패를 겪어도 극복하고 자신의 소망을 실현한다.

④ 불운을 행운으로 바꿔놓는 능력이 있다.

와이즈먼 교수의 실험을 통해 다음과 같은 사실을 깨달을 수 있다. 지금 하는 일에 몰입하되 눈과 귀를 열어 주변에서 일어나는 상황에 관심을 가질 때 기회와 행운을 잡을 수 있다는 것이다. 성공한 사람들은 두 가지를 갖추고 있다. 하나는 자신의 일에 무섭게 몰입하는 것이고, 또 하나는 자신의 일과 관련되지 않은 분야에도 항상 관심의 안테나를 켜둔다는 것이다. 그들이 남들보다 많은 기회와 행운을 포착할 수 있었던 이유가 여기에 있다.

벤처기업인이자 대학교수인 안철수와 시골의사 박경철 두 사람은 이제 모르는 사람이 없을 정도로 유명인이 되었다. 나는 그들이 어떻게 해서 지금의 위치에 설 수 있었을까, 라는 의문을 가졌고 그들의 발자취를 통해 그들 역시 여느 성공한 사람들과 마찬가지로 앞서 말한 두 가지를 갖추고 있었다는 것을 알 수 있었다.

2011년 3월, 안철수와 박경철은 광주에 소재한 조선대학교 자연과학대학 4층 대강당에서 'CEO 안철수 교수와 시골의사 박경철의 리더십 대담'을 진행했다.

두 사람이 질문하고 답하는 대담형식으로 진행되던 강연 중에 박경철이 안철수에게 다음과 같이 주문했다.

"현재 카이스트에서 강의를 하면서 한 학기 수업 종강 시 학생들에게 몇 가지의 TIP을 제공한다는데 우리 학생들에게 소개해줬으면 합니다."

그러자 안철수는 이렇게 답했다.

"한 학기 동안 수업을 진행하면 학생들의 특성을 어느 정도 파악할 수 있습니다. 학생들에게 꼭 필요하겠다 싶은 이야기를 해주던 것이 이렇게 하나의 문화가 된 것입니다. 지난 학기에 학생들에게 해줬던 이야기 중 몇 가지를 해드리겠습니다."

안철수가 강연장을 빼곡히 메운 청중들에게 들려준 다섯 가지는 이렇다.

첫째, 첫인상도 중요하지만 마지막 모습 또한 중요하다

우리 학생들을 보면 당장 눈앞의 이익만을 좇는 경우가 많은 것 같다. 처음엔 열심히 시작하지만 끝마무리를 잘하지 못한다는 말이다. 그러나 눈앞의 새로운 이익을 좇기 이전에 하던 일을 잘 마무리하는 것이 더 중요하다.

둘째, 말로만 불평하지 마라

직장이나 학교 등 어떠한 환경에서든 삶이 만족스러운 사람은 그리 많지 않다. 상황이나 환경에 불만을 갖고 살아가는 사람들이 많다. 이러한 상황에 대부분 어떻게 대처를 하나? 불평, 불만을 입에 달고 사는가, 아니면 불만인 상황을 극복하기 위해 노력하는가? 불만인 상황을 극복하기 위해 노력할 것이 아니라면 불평하지 마라.

셋째, 투자한 시간만큼 즐길 수 있다

여행을 떠나기 전 목적지의 역사, 유적, 문화에 대해 공부를 하고 가는 사람과 아무런 준비 없이 떠나는 사람이 목적지에 도달했을 때 느끼는 바가 과연 같을까? 준비가 되어 있는 사람은 그 순간을 즐길 수 있을 것이고, 준비가 되어 있지 않은 사람은 즐길 수 없을 것이다.

넷째, 급한 일보다는 중요한 일을 먼저 하라

우리는 너무 바쁘게 살아간다. 때로는 중요한 일을 해야 하고, 때로는 급한 일을 해야 한다. '급할수록 돌아가라'는 말이 있는 것처럼 급할수록 여유를 가져야 한다. 급하게 일을 하다 보면 실수하기 쉽다. 이런 실수는 일을 안 하는 것보다도 못한 경우가 대부분이다.

다섯째, 자투리 시간을 활용하라

독서의 중요성에 대해 이야기한 바 있다. 종종 "바쁜데 책은 언제 읽나요?"라고 질문하는 사람이 있다. 난 엘리베이터를 타는 시간에 책을 읽는다. 한 달이 되니깐 한 권의 책이 읽어지더라. 매 순간의 시간을 소중히 여기고 잘 활용할 수 있어야 한다.

나는 여러분에게 안철수가 제시한 다섯 가지를 꼭 활용해보라고 권하고 싶다. 수많은 사람들의 멘토인 안철수 역시 이 다섯 가지를 실천해왔기에 성공할 수 있었다. 자신의 분야에서 최고가 된 사람들에게는 보통 사람들은 생각지도 못하는 성공 비결이 있다.

지금은 암울한 현실을 살고 있지만 앞으로 발전 가능성이 높은 사람이 있는 반면에, 현재 넉넉하고 풍요롭게 살지만 시간이 지날수록 암담해지는 현실을 맞이하는 사람이 있다. 전자처럼 시간이 지날수록 성공하는 사람이 되고 싶다면 앞에서 언급했던 마지막 1퍼센트를 내 것으로 만들어야 한다. 그렇지 않고선 지금보다 나아질 수도, 성공할 수도 없는 후자의 편에 서게 될 것이다.

마더 테레사 수녀는 "작은 일에 헌신하라. 그 안에 당신이 가진 힘이 있다.”라고 말했다. 나는 그녀의 말을 “마지막 1퍼센트에 집중하라. 그 안에 성공의 비밀이 숨어 있다.”라고 바꿔 말하고 싶다. 아무리 사소한 것이라도 전심전력을 다해서 하라. 작은 일을 크게 만드는 것이 성공에 이르는 길이다.

어제와 같은 오늘을 부끄러워하라

불평불만으로 가득한 사람들이 있다.

"나는 왜 되는 일이 없지?"

"세상은 가진 자에게는 관대하고 없는 자에게는 너무 가혹해."

"열심히 해도 안되는데, 그냥 대충 살지 뭐."

이런 사람들의 공통점이 무엇인지 아는가? 바로 어제와 같은 오늘을 살면서도 부끄러워하지 않는다는 것이다. 어제와 같은 오늘을 산다는 말은 더 나아지기 위해 노력하지 않는다는 말과 같다. 그러니 발전이 있을 리 만무하다.

그러나 내가 어제와 같은 오늘을 살 때 다른 사람들은 치열하게 노력한다. 이 말은 무엇을 뜻할까? 머지않아 추월당해 벼랑 끝으로 내몰린다는 말이다. 안타깝게도 우리 주위에는 나이를 떠나 이런 사람들이 너무나 많다. 하루하루를 대충대충 살면서 어제와 별반 다를 바 없는 오늘을 산다며 푸념한다. 그러면서 부모 탓, 조상 탓, 사회 탓을 한다. 더 나은 내일을 살기 위해 고군분투하지 않는 자신은 탓하지 않는다. 오히려 최선을 다할 수 없는 핑계를 만들어 합리화시킨다. 이런 사람은 결코 눈부신 미래의 주인공이 될 수 없다.

최고의 여성 뮤지컬 배우 최정원. 지독한 연습벌레로 불리는 그녀는 매 작품마다 '이 작품이 내 생애 최고의 작품이 된다'는 생각으로 최선을 다한다. 그러나 막상 공연의 막이 내리고 나면 무언가 아쉽고 부족해서 다음 작품 때에는 더욱 열심히 해야겠다고 결심하게 된다고 한다.

어린 시절 그녀는 동네가수로 꼽혔다. 어른들 앞에서 가수들의 모창을 하면 칭찬과 함께 우레와 같은 박수가 쏟아졌다. 그녀는 초등학교 시절 연극배우로 활동했지만 아버지의 반대로 그만두어야 했다. 그러다 고등학교 2학년 때 TV에서 방영된 〈Singing in the rain〉을 보면서 연극이 자신의 전부라는 것을 깨달았다.

그녀는 당시를 이렇게 회고했다.

"영화를 보는 내내 전율이 일었어요. 내가 앞으로 할 게 바로 저것이라는 생각이 들었죠. 아마 어린 날 어른들한테 받았던 박수소리를 잊지 못하고 있었나 봐요. 그래서 그 좋은 나이에 그렇게 시들거렸던 거겠죠."

최정원은 고등학교 3학년 시절, 롯데월드 예술극장 뮤지컬예술단 1기로 입단했다. 고단한 연습생 시절이 2년간 이어졌지만 자신이 그

토록 원했던 일이기에 힘든 줄도 몰랐다. 그러다 2년 후 〈아가씨와 건달들〉에서 6번 아가씨로 신고식을 치렀다. 대사는 딱 한마디뿐이었다. 그래도 그녀는 최선을 다했다. 이듬해 그녀는 〈가스펠〉의 주인공 조안 역을 자신의 것으로 만드는 기회를 맞이하게 된다.

"원래는 제 배역이 아니었어요. 조안 역을 맡은 언니가 사고로 하차하면서 오디션 기회가 생겼죠. 선배들의 연습이 시작될 때부터 조안 역은 물론 다른 배역까지 대사를 몽땅 외우며 연습을 했어요. 그런 일이 생길 줄 알고 준비한 건 아니었는데, 아무튼 준비된 자에게 결국 기회가 오더라고요."

매 순간 최선을 다하는 그녀는 어제와 같은 오늘을 사는 것을 부끄럽게 생각한다. 그래서 죽어라고 연습하는 것이다.

"연습이 자신감을 만들어줘요. 관객도 없고 박수도 없는 연습실에서 같은 노래와 같은 춤을 반복하는 건 엄청난 인내를 필요로 하는 일이죠. 하지만 무대 위에서 당당하게 제대로 놀려면 고통의 시간을 견딜 줄 알아야 해요."

그녀는 공연 연습을 할 때 물구나무서서 노래 부르기, 팔굽혀펴기 하며 노래 부르기, 윗몸일으키기 하며 노래 부르기 등 다양한 방법을 활용해가며 연습하는 것으로 유명하다. 뿐만 아니라 자기 관리도 철저하다. 아무리 더워도 에어컨 바람은 쐬지 않으며 목에 좋지 않다는 음식은 철저히 삼가고 간식도 멸치나 다시마, 아몬드 같은 천연식품만 먹는다.

그녀는 어제보다 부끄럽지 않은 오늘을 살기 위해 노력한다. 그러니 매일매일 어제보다 더 뛰어날 수밖에 없는 것이리라.

"같은 작품을 다시 만나는 것도, 한 작품 안에서 또 다른 배역을 맡는 것도 배우에겐 엄청난 축복이죠. 9년 전에 비해 제 삶은 아주 많이 깊어졌어요. 30대에서 40대로 넘어오면서 삶을 대하는 태도도 깊어졌고, 한 아이의 엄마로서도 많이 성숙해졌죠. 연기라는 게 내게 없던 무언가를 창조하는 게 아니라 내 안에 있는 것들을 끌어올려 표현하는 작업인데, 삶이 깊어졌으니 초연 때보다 표현이 한결 깊어진 것 같아요. 나이가 들수록 표현이 풍부해지니 나이 먹는 일이 갈수록 즐거워져요."

그녀의 말에서 자신의 일에 최선을 다한 사람만이 가질 수 있는 자부심이 느껴진다. 성공하기 위해선 확고한 꿈과 함께 더 잘하고자 하는 욕심이 있어야 한다. 그래야 어제와 같은 오늘을 살지 않기 위해 노력하게 된다. 성공한 사람들은 알고 있다. 어제와 다른 하루하루가 쌓이고 쌓여 성공이라는 멋진 그림이 탄생한다는 것을.

세계적으로 유명한 다국적 기업이자 세계 최대의 휴대폰 제조회사 노키아. 휴대폰이 빠르게 보급되기 시작할 무렵 노키아는 바형 휴대폰을 출시했다. 노키아가 개발한 바형 휴대폰은 조작이 간편할 뿐 아니라 플립이나 슬라이드형보다 품질에서 더 안정적이라는 평가가 우세했다.

노키아의 바형 휴대폰은 출시되자마자 소비자들의 마음을 사로잡았고 고품질 바형 휴대폰의 대명사가 되었다. 당시 노키아가 바형 휴대폰으로 벌어들인 수입은 전체 휴대폰 사업 이익의 절반 이상을 차지하는 것으로 나타났다. 또한 노키아가 만든 바형 휴대폰은 품질이 우수하고 튼튼해 떨어뜨려도 망가지지 않는다는 좋은 이미지가 형성되었다. 그러나 시간이 지나면서 경쟁업체들은 사진 촬영, 동영상, 음악 재생 등 다양한 기능이 첨가되어 있는 휴대폰을 출시하기 시작했다.

그러나 노키아는 휴대폰 자체 품질에 집중한 나머지 보조 기능에는 큰 관심을 기울이지 않았다. 그런데 얼마 지나지 않아 이것이 노키아의 매출을 떨어뜨리는 복병이 되었다. 소비자들은 품질만 우수하고 튼튼한 노키아의 바형 휴대폰보다 다양한 보조 기능이 갖추어져 있는 휴대폰을 선호했던 것이다.

다급해진 노키아는 서둘러 카메라와 음악 재생, 동영상 재생 기능 등을 갖춘 새로운 모델을 출시했다. 그러나 이미 곤두박질치는 매출 감소를 막기에는 역부족이었다. 매출 감소의 원인을 분석해보니 노키아의 휴대폰은 경쟁업체들이 출시한 휴대폰보다 카메라 화소 수가 낮을 뿐 아니라 음악 저장 용량은 작고 동영상 화질까지 좋지 않았다. 바형 휴대폰에만 매달린 노키아는 결국 시장점유율 하락과 함께 기업 이미지까지 추락시켰다.

얼마 전 강연이 끝나고 30대 후반의 직장인이 나를 찾아왔다. 그는 자신의 꿈이 연 매출 천억 원 이상을 올리는 중소기업의 창업주가 되는 것이라고 말하며 그 꿈을 실현할 수 있겠는가를 물었다. 나는 뜬금없는 질문에 당황했지만 이렇게 답했다.

"먼저 한 가지 물어보고 싶습니다. 과거를 돌아보았을 때, 아니 어제와 오늘을 비교했을 때 발전하고 있다는 생각이 듭니까? 만일 그렇다는 확신이 든다면 분명 꿈을 이룰 수 있을 겁니다. 나날이 발전하고 있다는 말은 꿈과 가까워지고 있다는 뜻이기 때문입니다."

사람은 누구나 성공하고 싶어 한다. 그러나 정작 그들의 일상을 들여다보면 치열함이 없다. 어제와 같은 오늘을 살 뿐 더 나아지려고 노력하지 않는 사람들이 수두룩하다. 쳇바퀴 같은 삶을 살고 있는데 어찌 더 나은 내일을 기대할 수 있을까? 이는 아무런 수고도 하지 않고 거저 먹으려 드는 도둑심보와 같다.

저명한 심리학자인 윌리엄 마스틴이 3천 명의 사람들에게 "무엇을 위해 사십니까?"라고 물었다. 그러자 94퍼센트나 되는 사람들이 특별한 삶의 목적이 없다고 답했다. 마스틴은 이 조사를 통해 '누구나 죽지만 누구나 살고 있는 것은 아니다'라는 생각을 갖게 되었다. 너무나 많은 이들이 목적 없이 절망적인 삶을 살고 있는 것이다.

미국 최초의 흑인 대통령 버락 오바마는 "변화는 우리가 누군가나 무엇, 혹은 후일을 기다린다고 찾아오지 않는다. 우리 자신이 우리가 기다리던 사람이고 우리가 바로 우리가 추구하는 변화이다."

라고 말했다. 그렇다. 내 인생의 주인은 바로 나 자신이다. 다른 사람이 나를 변화시켜주기를 바라서는 안 된다. 힘들어도 나 스스로 어제와 다른 오늘을 살도록 노력해야 한다. 성공의 초석은 어제보다 나은 오늘을 살기 위해 애쓸 때 다져진다.

모든 일에서 어제보다 더 나아지도록 노력하라. 성적을 올리고 싶다면 어제보다 똑같은 양의 공부를 해선 안 된다. 어제보다 더 절박한 마음으로 어제보다 더 많은 시간을 공부에 쏟아야 한다. 성공 공식은 정말 간단하다. 어제보다 더 노력하는 것이다. 이것만 실천하면 반드시 꿈을 이룰 수 있다.

마이크로소프트사의 전 회장 빌 게이츠는 이렇게 말했다.

"나는 힘이 센 강자도 아니고, 그렇다고 두뇌가 뛰어난 천재도 아닙니다. 날마다 새롭게 변화했을 뿐입니다. 그것이 나의 성공 비결입니다. Change(변화)의 g를 c로 바꿔보십시오. Chance(기회)가 되지 않습니까? 변화 속에는 반드시 기회가 숨어 있습니다."

날마다 새로워져라. 어제와 다른 오늘을 살 때 변화가 생겨난다는 것을 기억하라. 그 변화 속에 성공의 열쇠인 기회가 숨어 있음을 잊지 않기를 바란다.

05

인내를 가지고
꾸준히, 천천히, 끝까지 하라

성공의 비결은 한 번 정한 목표를 바꾸지 않는 데 있다.
많은 사람들이 성공하지 못하는 이유는 성공의 길이 험해서가 아니라,
목표를 향해 꿋꿋이 나아가지 못하기 때문이다.
낙숫물이 섬돌을 뚫는 것은 물의 힘이 아니라
꾸준한 끈기의 결과인 것이다.

— 벤저민 디즈레일리(영국의 정치가·소설가)

성공은 끝까지 하는 힘에 달렸다

'달인' 김병만이 있다. 그는 지독한 가난을 극복하고 7전 8기의 정신으로 개그맨 시험에 합격했다. 그러나 꿈에 그리던 개그맨이 되었지만 무명시절은 길기만 했다. 그럼에도 그는 포기하지 않고 노력한 끝에 많은 사람들로부터 사랑받는 '달인'이 되었다.

그는 자전적 에세이 『꿈이 있는 거북이는 지치지 않습니다』에서 이렇게 말했다.

"나는 엉금엉금 기어서 여기까지 왔잖아. 한순간에 확 뜨는 사람은 중간에 여유를 부릴 수 있겠지. 나는 기어서라도 내 목표까지 가는 거잖아."

1남3녀 중 둘째로 태어난 김병만은 어린 시절 콤플렉스 덩어리였다. 아버지는 사업에 실패해 빚더미에 앉았고, 어머니가 식당 허드렛일을 하며 생계를 책임졌다. 그는 찢어지게 가난한 형편 때문에 고등학교 졸업 후 일용직 노동자로 일하며 돈을 벌어야 했다. 158.7 센티미터에 불과한 단신은 그를 더욱 위축되게 했다.

그는 고향을 떠나 무작정 서울로 올라왔다. 수중에는 연기학원 전화번호가 적힌 신문광고와 어머니께 받아낸 30만원이 전부였다. MBC 공채 개그맨 시험에 4번, KBS 개그맨 시험에 3번을 떨어졌다. 백제대 방송연예과 3번, 서울예전 연극과 6번, 전주우석대, 서일대, 명지대 등의 오디션에서도 모두 떨어졌다.

그는 당시를 이렇게 회상했다.

"오디션에서 입도 한번 못 열어보고 소품 챙겨서 나온 적도 있습니다. 집에서 아무리 열심히 웃기는 개그를 짜고, 수만 번 연습을 해도 심사위원 앞에만 서면 얼어버렸습니다."

그는 지금의 자리에 서기까지 누구보다 힘겨운 시절을 보내야 했다.

"무명 개그맨이었지만 무대에서 죽을 각오로 살았습니다. 동료 개그맨들이 무대에 올라가 준비한 모든 것을 마음껏 펼치는 모습이 부러웠습니다. 똑같은 시기에 데뷔했지만 동기들이 큰 인기를 얻고 유명해질 때 나는 못 웃겨서 무대에 설 기회가 없어지면 어쩌나, 하는 불안감에 단 하루도 쉴 수 없었습니다."

그는 잘 곳이 없어서 무대 위에서 새우잠을 자거나 대학로 마로니에 공원에서 노숙을 했다. 공중화장실에서 몸을 씻다가 알몸으로 망신을 당하기도 하고, 계속되는 오디션 탈락에 약국을 돌아다니며 수면제 40알을 모은 적도, 건물 옥상 난간에 서보기도 했다. 그러나 비참하게 좌절했지만 포기는 하지 않았다. 여의도 방송국의 불빛이 화려하게 빛나는 밤에 대방동 옥탑방에서 통곡을 하면서 마음을 다잡은 적도 많았다. 그리고 마침내 7번의 낙방 만에 KBS 공채 개그맨 시험에 합격을 했다.

성공한 사람들은 한목소리로 "포기하지 않고 끝까지 할 때 성공의 문이 열린다."고 말한다. 그렇다. 김병만의 성공 스토리만 봐도 끝까지 한 우물을 팔 때 성공이라는 샘물이 솟아난다는 것을 알 수 있다. 만일 김병만이 7번의 낙방 끝에 개그맨의 꿈을 접었다면 지금쯤 그는 어떤 인생을 살고 있을까? 한 가지 분명한 것은 지금보다 힘든 인생을 살고 있으리라는 것이다.

김효은 외교관이 있다. 그녀는 대학 졸업 후 2년이 지난 1992년 외무고시 26회로 합격했다. 그녀는 고등학교 시절 신문사 국제부에서 도쿄 특파원으로 일하시는 아버지 덕분에 자주 일본을 여행할 수 있었다. 그러면서 자연스레 세계 속 우리나라에 대해 생각해볼 기회를 갖게 되었다. 또한 아버지를 통해 외교관들의 이야기를 들으며 자신의 진로를 정했다.

그녀는 정치 외교학과에 들어갔다. 그리고 대학 졸업 전에 외무고시에 합격해야겠다는 생각이 들었다. 그러다 외무고시에 합격한 한 선배의 강연회에 참석하게 되었다. 그 선배의 말로는 당시 외무고시는 1년에 스무 명밖에 뽑지 않는다고 했다. 그럼에도 그날 강연장을 가득 메운 수백 명을 보고 그녀는 기가 죽고 말았다.

그 후 그녀는 외교관이 되는 것이 자신이 진정으로 원하는 길인지 깊이 고민했다. 고민으로 인해 외무고시 시험에 매진할 수 없었다. 결국 그녀는 외무고시에 낙방한 채 대학을 졸업해야 했다.

그녀는 당시를 이렇게 회상했다.

"다들 직장을 구해 활짝 웃으며 교문을 나서는데 저만 초라했어요. 외무고시를 준비한다는 것 외에 보장된 것은 아무것도 없었죠. 그래도 불안하지는 않았어요. 무엇을 할지 정하지 못했던 순간에는 불안하지만 일단 목표를 정하고 나니 몸은 힘들어도 마음은 편해지더라고요. 마음을 다잡고 다시 고3 수험생의 절박한 심정으로 미친 듯이 공부했습니다. 매일 열세 시간씩 집중해서 공부하는 시간을 확보해 공부만 했던 기억이 납니다. 할아버지 생신에도 못 갔고, 또래 아이들처럼 화장으로 멋을 낸다는 것은 상상도 못했죠."

지독한 노력 끝에 김효은은 대학 졸업 2년 후 자신의 바람대로 외무고시에 합격하는 기쁨을 안았다.

멕시코 중서부 시에라 협곡에 사는 타라후마라 부족. 그랜드캐니언에 비교될 만큼 높고 험준한 협곡에 사는 그들은 인류학자들의 오랜 연구대상이기도 하다. 어디를 가든 걷거나 달리는 방식을 고수하고 있기 때문이다. 그러나 그들에게 달리기는 단순히 취미가 아니다. 그들에게 있어 달리기는 생존을 결정짓는 열쇠와 같다. 척박한 환경에서 살아남아야 하다 보니 자연스럽게 달리기를 잘하게 된 것이다. 이들의 사냥 방식은 특이하다. 창이나 활을 이용하기보다 사냥감이 지칠 때까지 쉬지 않고 끝까지 달린다. 그렇게 사냥감을 지쳐 쓰러지게 한 뒤 사냥에 성공한다.

성공은 포기하지 않고 끝까지 하는 사람에게 돌아간다. 십대의 본분인 공부도 예외는 아니다. 당장은 힘들고 고통스럽더라도 그것을 이겨내고 끝까지 죽을힘을 다해 공부한다면 분명 좋은 성적을 거둘 수 있다. 공신들은 모두 이런 지독한 방식을 택한다. 공부뿐 아니라 세상의 모든 일들이 그렇다. 끝까지 하는 사람에게 그 열매가 돌아간다.

고대 그리스의 철학자 소크라테스가 어느 날 제자들에게 한 가지 과제를 내주었다. 팔을 앞뒤로 흔들기를 매일 3백 번씩 반복하는 것이었다. 간단하고 쉬운 일이었기에 제자들은 모두 할 수 있다며 자신 있게 대답했다.

그리고 일주일이 지났다. 소크라테스가 제자들에게 물었다.

"매일 3백 번씩 팔을 흔들고 있는 사람은 손을 들어보거라."

열 명 중 아홉 명이 자랑스럽게 손을 들었다.

한 달이 지났다. 소크라테스가 다시 물었을 때 열 명 중 여덟 명이 손을 들었다. 일 년 후 소크라테스가 제자들에게 똑같이 물었을 때

제자들 가운데 단 한 명만이 손을 들었다. 바로 훗날 대철학자가 된 플라톤이었다.

많은 사람들이 꿈과 목표를 향해 달려가지만 어려움에 부딪치게 되면 포기하고 만다. 그러나 좌절한다고 달라지는 건 아무것도 없다. 오히려 그동안 쏟아 부은 시간과 노력만 물거품이 될 뿐이다. 헬렌 켈러는 "절대로 고개를 떨구지 마라. 고개를 꼿꼿이 치켜들고 두 눈으로 똑똑히 세상을 보라."고 말했다. 사실 누구나 크고 작은 실패를 경험한다. 그리고 실패하게 되면 창피한 나머지 숨고 싶어진다. 그럴 땐 영국의 문호 윌리엄 셰익스피어의 말을 기억할 필요가 있다.

"'지금이 최악이야'라고 말할 수 있는 한 지금이 최악은 아니다."

진짜 최악은 최악이라고 말할 기운조차 없을 때이다. 실패했다고 달아나면 실패는 더 따라온다는 것을 기억해야 한다. 오히려 정면으로 승부를 보겠다는 심정으로 맞부딪혀야 한다. 그래야 실패를 극복할 수 있을 뿐 아니라 성공으로 가는 초석을 다질 수 있다.

어떤 일을 하더라도 끝까지 해보라. 성과가 바로 나타나지 않는다고 해서 초심을 버려선 안 된다. 많은 사람들이 끝까지 밀고 나가지 않는 탓에 꿈을 이루지 못하고 힘든 인생을 살고 있다는 것을 명심하라.

성공은 끝까지 하는 힘에 달렸다. 김병만, 타라후마라 부족처럼 강한 인내를 가지길 바란다. 그들은 한번 목표를 정하면 어떤 시련과 역경이 따르더라도 절대 목표를 바꾸지 않았다. 그리고 결국 목표 달성에 성공했다.

끝까지 하는 힘을 키워라. 세상은 포기하지 않고 계속하는 사람의 편이다.

좌절한다고 달라지는 건 아무것도 없다

일이 계획대로 척척 진척이 되지 않으면 괴로워하고 좌절하는 사람이 있다. 그 이유는 다음 두 가지 때문이다.

① 단기간에 성과를 봐야 직성이 풀린다.

② 세상 일 가운데 열의 아홉은 뜻대로 되지 않는다는 진리를 간과하고 있다.

그동안 내가 만났던 성공한 사람들은 이 두 가지와 거리가 멀었다. 그들은 어떤 일이건 최선을 다해 노력하되 어느 정도 시간이 흘러야 성과가 나타난다는 것을 알고 있었다. 뿐만 아니라 계획하는 대부분의 일들이 계획했던 대로 이루어지지 않는다는 것도 염두에 두고 있었다. 그래서 그들은 느긋한 마음으로 일에 집중할 수 있었다.

세상의 그 어떤 일도 도깨비 방망이처럼 하루아침에 뚝딱 성과가 나타나지 않는다. 또한 그 일을 하는 과정에서 실패와 같은 좌절을 맛볼 수도 있다. 그렇다고 해서 언제까지나 괴로워하거나 좌절해선 안 된다. 그런다고 달라지는 건 아무것도 없다. 오히려 지난 실패를 만회할 수 있는 시간만 흘러갈 뿐이다.

세계적 스포츠용품 기업 나이키는 빌 바우어만과 필 나이트에 의해 탄생했다. 두 사람의 인연은 오레곤 주립대학에서 운동선수와 코치로 만난 데서 시작되었다. 운동을 무척 좋아했던 두 사람은 스포츠용품 업체를 직접 설립하기로 결심했다.

두 사람이 블루리본스포츠라는 이름의 스포츠용품 업체를 설립할 당시만 하더라도 미국 스포츠 산업이 막 시작하는 단계였던 터라 스포츠용품 사업은 수익성이 높은 분야가 아니었다. 이름 있는 선수들도 제품의 질보다는 브랜드 가치가 높은 업체의 제품을 선호했다.

빌 바우어만과 필 나이트는 회사 설립 초기부터 직원들의 생산성을 강조했다. 직원들에게 강도 높은 노동효율성을 너무 강조했기 때문에 몇몇 직원들만 남고 모두 퇴사해버리기도 했다.

그러나 온갖 어려움 끝에 블루리본스포츠는 업계에서 어느 정도 이름 있는 회사로 알려지기 시작했다. 블루리본스포츠라는 회사명을 나이키로 바꾼 뒤 1978년 세계 최초로 에어특허기술을 적용시킨 테일윈드 러닝화를 발표했는가 하면 스포츠의류 생산라인도 완공을 마쳤다. 그러나 안타깝게도 나이키는 여전히 스포츠용품 업계에서 최고가 되지 못했다. 스포츠용품 시장을 아디다스가 선점하고 있었기 때문이었다.

1984년 마침내 나이키에게 기회가 찾아왔다. 농구 황제 마이클 조던을 통해서였다. 당시 대학농구리그에서 놀라운 기량을 뽐내며 코트를 종횡무진하고 있던 마이클 조던은 신인 드래프트에서 3위의 부진한 성적으로 NBA에 입성했다. 부진한 성적으로 인해 그는 아디다스의 선택을 받지 못하게 되었다. 아디다스 농구화를 신고 코트에서 뛰고 싶었던 그의 오랜 꿈은 물거품이 되었다.

아디다스는 마이클 조던의 잠재적 가치를 알아보지 못했지만 나이키는 달랐다. 나이키는 대학농구리그 MVP이자 그해 로스앤젤레스올림픽에서 미국 남자농구팀의 금메달 획득에 공헌한 마이클 조던이 장차 농구계 스타로 떠오를 것을 직감했다. 그래서 나이키는 마이클 조던과 광고모델 계약을 맺기 위해 모든 방법을 동원했다. 당시 NBA 스타 가운데 광고 모델료가 가장 비싼 카림 압둘 자바의 모델료가 한 해 10만 달러였는데 나이키는 마이클 조던에게 무려 25만 달러라는 파격적인 금액을 제시했다. 이는 모든 스포츠 종목을 통틀어 가장 높은 광고 모델료였다. 여기에 그의 이름을 딴 운동화까지 특별 제작하겠다는 조항까지 추가했다. 그럼에도 불구하고 마이클 조던은 나이키의 제안을 일언지하에 거절했다. 나이키보다 아디다스를 더 좋아했기 때문이었다.

그러나 시간이 흘러도 아디다스는 마이클 조던에게 손을 내밀지 않았다. 아디다스는 NBA의 또 다른 스타이자 마이클 조던의 라이

벌인 패트릭 유잉을 광고 모델로 기용했다. 일이 이쯤 되자 마이클 조던은 나이키와 광고 계약을 체결할 수밖에 없었다.

그러나 그 후 기적 같은 일이 일어났다. 마이클 조던은 놀라운 성적으로 농구계의 스타로 거듭났고 그것은 막대한 경제적 가치를 창출하며 나이키가 아디다스를 제치고 농구화 시장의 65퍼센트를 차지하는 데 결정적인 기여를 했다. 그리고 나이키는 브랜드 가치와 성공적인 경영전략을 통해 마이클 조던에게 최고의 NBA 스타라는 눈부신 후광을 안겨주었다. 한때 아디다스와 인연이 되지 않아 좌절에 빠졌던 마이클 조던은 나이키를 만나 일생 최고의 기량을 발휘하며 아무도 예상치 못했던 성공을 일구어냈다.

언젠가 나는 되는 일보다 안 되는 일이 더 많아 괴로워했던 적이 있었다. 그때 존경했던 한 선배 작가가 "하나의 문이 닫히면 또 다른 문이 열리게 마련이야. 그러니 지금 뜻대로 되지 않는다고 괴로워해선 안 돼."라고 격려해주었다. 그때부터 나는 일이 계획대로 풀리지 않는다고 좌절하지 않는다. 오히려 그 역시 성공으로 가는 하나의 과정이라고 여긴다. 그러면 그 속에서도 소중한 교훈을 배울 수 있다.

일본의 유명한 보험 판매왕 하라 가쓰히라. 그는 강한 인내로 일본 보험업계에서 입지전적인 인물이 될 수 있었다. 그가 처음 보험 일을 시작하면서 3년 8개월 동안 한 고객을 70번이나 찾아갔던 일화는 지금도 사람들 입에 회자되고 있다.

그가 젊은 시절 처음 보험 판매를 시작했을 때의 일이다. 상사로부터 한 기업가의 정보를 받은 하라 가쓰히라는 바로 다음날 그 기업가를 찾아갔다.

기업가의 집을 찾아갔을 때 문을 열어준 이는 평범한 노인이었다. 하라 가쓰히라는 그가 사장의 아버지일 것이라고 짐작했다. 그는 노인에게 공손하게 자신의 신분을 밝혔다. 노인은 친절한 어조로 "사장은 지금 집에 없으니 다음에 다시 오시오."라고 말했다.

하라 가쓰히라가 물었다.

"사장님께서는 주로 언제 댁에 계신가요?"

"요즘 회사 일이 바빠서 언제 집에 있는지 확실히 말씀드릴 수가 없군요."

다른 질문들을 했지만 노인에게선 "잘 모르겠소."라는 대답만 돌아왔다. 그 후 3년 하고도 8개월 동안 그 집을 70번이나 찾아갔지만 그때마다 사장은 집에 없었다. 그런데 우연히 다른 고객으로부터 깜짝 놀랄 만한 사실을 듣게 되었다. 자신을 응대했던 그 노인이 바로 사장이었던 것이다.

처음 이 사실을 알았을 때는 철저하게 속은 기분이었다.

'나이 드신 분이 어떻게 그럴 수 있지?'

'차라리 처음부터 자신의 신분을 밝히고, 보험에 관심이 없다고 솔직하게 대답했다면 3년 8개월 동안 헛고생하지 않았을 텐데…….'

　그는 생각할수록 분노가 치밀었다. 단단히 복수를 해주리라 마음 먹고 70번이나 거절당했던 그 집으로 다시 찾아갔을 때 집 앞에 나와 청소를 하고 있는 노인의 모습이 보였다. 그는 치밀어 오르는 분노를 삭이기 위해 심호흡을 했다. 그리고 노인에게 다가갔다.

　"안녕하세요. 저는 메이지 보험의 하라 가쓰히라입니다. 사장님께서는 지금 댁에 계신가요?"

　"이걸 어쩐다? 조금 전에 나갔다오."

　노인은 이번에도 태연하게 거짓말하는 것이었다. 화가 난 하라 가쓰히라는 큰소리로 말했다.

　"나이도 지긋하신 분이 얼굴빛 하나 변하지 않고 이렇게 거짓말을 하실 줄은 정말 몰랐습니다. 노인장께서 바로 사장님이라는 걸 알고 있습니다. 보험에 가입할 의향이 없으시다면 떳떳이 밝히고 거절을 하실 일이지, 왜 사람을 놀리십니까? 제 인내심을 시험하시는 겁니까?"

　그러자 노인이 말했다.

　"당신이 처음 왔을 때부터 보험 가입을 권유하기 위해 왔다는 것을 알았기 때문이오."

　"제가 찾는 사장님이 노인장처럼 살 날이 얼마 남지도 않은 분인 줄을 처음부터 알았더라면 지난 3년 8개월 동안 귀중한 시간을 내서 찾아오지는 않았을 것입니다. 이렇게 쇠약한 고객을 보험에 가입시켰다면 저희 보험회사는 진즉에 파산했을 겁니다."

그의 말에 노인은 화를 내며 대꾸했다.

"자네, 지금 내가 나이 많다고 무시하는 건가? 설마 내가 보험에 가입할 만한 자격조차 없다는 거야? 지금 당장 건강검진을 받으러 가세. 내가 보험 가입 요건을 충분히 만족시킬 수 있다는 사실을 증명해주겠네."

그는 자신의 말이 노인의 오기를 발동시켰다는 것을 알고는 속으로 쾌재를 불렀다. 그리고 마지막으로 쐐기를 박는 말을 던졌다.

"흥! 사장님 한 명을 가입시키자고 제 귀중한 시간을 또 다시 허비할 거라고 생각한다면 오산입니다. 사장님 가족과 회사 직원들이 모두 가입한다면 한번 생각해보죠!"

오기가 발동한 노인이 말했다.

"흥! 그런다고 내가 못할 줄 아나? 내일 당장 가족들을 모두 데리고 찾아가겠네!"

그렇게 해서 하라 가쓰히라는 노인의 가족은 물론 회사 직원들까지 고객으로 만들 수 있었다. 그 결과 그는 회사 내에서 최고의 영업 실적을 거두며 판매왕의 자리에 올랐다.

일이 마음먹은 대로 되지 않는다고 좌절해선 안 된다. 좌절하는 사람은 자기 뜻대로 되지 않으면 떼쓰고 울음을 터뜨리는 어린아이와 다를 바 없다. 이런 사람은 절대 큰일을 해낼 수 없다. 자신의 뜻대로 안 될 때는 그 시련을 감당하지 못하기 때문이다.

힘들고 절망적인 순간이 찾아올 때마다 기억해야 할 것이 있다. 삶은 누구에게나 힘들고 괴로우며, 비록 말은 안 해도 모두가 그런 고난 속에서 살아간다는 것이다.

다수의 사람들은 이 사실을 망각한 채 괴로워하고 좌절하다 허송세월한다. 그러다 자신이 꿈꾸었던 인생과 정반대의 인생을 살아간다. 그러나 소수의 사람들은 절망적인 상황에도 이것을 잊지 않고 더욱 고군분투함으로써 자신의 분야에서 성공한다.

여러분은 무궁무진한 가능성을 품고 있다. 그 가능성을 온전히 믿고 한발 한발 나아갈 때 성공이라는 향기로운 꽃을 피우게 된다. 물론 때로 모든 것을 내려놓고 싶을 만큼 힘들고 괴로운 시간도 찾아올 것이다. 그렇더라도 절대 좌절해선 안 된다. 좌절한다고 달라지는 건 아무것도 없다는 것을 잊지 않길 바란다.

박원순 서울시장은 법륜 스님, 노희경 작가, 강경란 피디, 윤명철 교수와 함께 평화재단에서 '우리 함께 꿈꾸자 Dream, together'라는 제목으로 강연했던 내용을 엮은 책 『열혈청춘』에서 이렇게 말한다.

"전 대책 없는 낙관주의자입니다. 비관해서 뭐합니까? 저라고 19살에 감옥 가는 게 즐거웠겠습니까? 어떤 상황이 닥치더라도 절망하지 마세요. 여러분은 잃어버릴, 무슨 대단한 거라도 있습니까? 뭐가 그리 겁나세요. 실패해도 좋아요. 거기에 또 시작이 있으니까요."

계란 프라이가 되느냐,
아니면 병아리가 되느냐?

우리는 모두 껍질이라는 한계와 시련 속에 갇혀 있다. 그러나 한계와 시련을 어떻게 받아들이느냐에 따라 우리는 계란 프라이가 될 수도, 병아리가 될 수도 있다.

성공한 사람들 역시 꿈을 실현하고 정상에 서기까지 헤아릴 수 없이 많은 어려움이 있었다. 때로는 한계에 부딪쳐 괴로워하고 절망했다. 그럼에도 불구하고 스스로 한계를 정하거나 시련 앞에 무릎 꿇지 않았다. 그리고 마침내 눈부신 미래를 창조해냈다.

반면에 꿈을 실현하지 못한 사람들은 어떤가? 시련에 처하게 되면 '내 능력은 여기까지야.'라는 어리석은 생각으로 스스로 한계를 긋는다. 어떻게 하면 시련을 극복할 수 있을까보다 스스로 그은 한계 앞에서 움츠러드는 자신을 탓하며 모든 것을 포기한다. 그 결과 병아리로 부화할 수 있었는데도 불구하고 계란 프라이가 되고 마는 것이다.

대부분의 사람들은 자신이 한계라고 느끼는 것보다 더 큰 능력을 가지고 있는데도 쉽게 포기한다. 당장은 힘들고 고통스럽지만 한계와 시련을 이겨내기 위해 노력하면 충분히 극복할 수 있다. 그런데도 실패에 대한 공포심 때문에 공들여 쌓은 탑을 쉽게 무너뜨린다. 실패보다 더 무서운 것이 공포심이다. 강한 공포심에 사로잡히게 되면 옴짝달싹할 수 없게 된다. 충분히 해낼 수 있는 일에조차 무기력해져 망치게 되는 것이다.

5부작 시사다큐 〈인간의 땅〉으로 2010년 '올해의 피디상'을 수상한 강경란 피디는 『열혈청춘』에서 공포에 대해 이렇게 말한다.

"상상 속의 공포는 실제보다 훨씬 더 강도가 셉니다. 하지만 현장에서 직접 경험하는 공포는 오히려 비현실적입니다. 항상 어디서든 존재하는 강도 높은 공포는 사람을 마비시키고 중독되게 합니다. 아니면 어떻게든 살아남기 위한 발버둥이 너무 절박해서 감히 죽음의 공포를 느낄 겨를이 없는 건지도 모르죠."

강경란 피디의 말에 귀기울일 필요가 있다. 많은 사람들이 꿈을 이루지 못하고 평범한 존재로 생을 마감하는 것은 실패보다는 실패에 대한 공포심 때문이다. 따라서 꿈을 실현하고 원하는 인생을 살기 위해선 가장 먼저 실패에 대한 공포심을 극복해야 한다. 실패했다고 죽는 것은 아니다. 다만 실패한 후 겪게 되는 일들을 확대해서 예상하기 때문에 괴로워하고 좌절하게 된다. 그것은 다시 마음속을 공포심으로 가득 차게 하고 심지가 약한 사람은 자살이라는 극단적인 선택을 하게 하기도 한다.

그렇다면 실패에 대한 공포심으로부터 벗어나는 방법은 없을까? 절대 그렇지 않다. 사람은 누구나 실패한다는 사실과 자신의 능력을 온전히 믿으면 된다. 이 두 가지만 염두에 두면 공포심에 함몰되어 무기력해지는 자신을 보호할 수 있다.

작가 스티븐 캐널은 1966년 〈아담 12〉라는 텔레비전 시리즈의 대본을 판 것을 계기로 전업 작가 생활을 시작했다. 그는 초등학교 1학년 시절, 글도 제대로 읽지 못해 낙제를 당해야 했다. 4학년 때에도 낙제를 하게 되자, 학교에서는 그를 아예 퇴학시켜버렸다. 결국 그는 학습지진아들을 위한 특수학교에 다니게 되었다. 그곳 교사들은 스티븐 캐널이 글을 제대로 읽지 못하는 원인으로 약한 시력을 꼽았다. 그런데 그의 시력은 양쪽 모두 2.0으로 지극히 정상이었다.

그럼에도 스티븐 캐널은 매일 한 시간씩 시력 강화 훈련을 받아야 했다. 시력 강화 훈련 시간은 그에게 있어 그 어떤 시간보다도 지루하고 참기 힘든 시간이었다. 그가 코네티컷 명문 사립 고등학교에 입학했을 때에도 나아진 것은 거의 없었다. 10학년을 낙제했고, 또다시 학교를 그만둘 수밖에 없었다. 다른 학교로 전학한 그는 힘겹게 10학년을 채웠고 마침내 반에서 꼴찌로 졸업할 수 있었다.

또래들보다 훨씬 늦게 글을 깨우친 데다가 학교에서 두 번이나 퇴학당했던 경험이 있는 그는 매사에 자신감이 없었다. 그러다 서른다섯 살이 되어서야 자신이 난독증을 가지고 있다는 사실을 알게 되었다. 난독증은 일종의 학습 능력 결핍으로 지능과는 아무런 관계가 없는 것이었다.

매사에 자신감이 부족했던 스티븐 캐널이었지만 그만의 장점이 몇 가지 있었다. 미식축구와 달리기에 뛰어난 능력을 가지고 있었는가 하면, 시험 점수는 형편없었지만 누구보다도 풍부한 상상력이 있었다.

1961년 미식축구 특기생으로 장학금을 받고 오리건대학에 진학한 그는 랠프 샐리스베라는 작문 교수를 만나게 되었다. 랠프 샐리스베 교수는 그에게 상상을 글로 표현하는 방법을 가르쳐주었다. 이때부터 그는 전업 작가라는 꿈을 꾸기 시작했다. 그리고 어느 날 주위 사람들에게 전업 작가가 되겠다고 선언했다. 그러나 사람들은 하나같이 말도 안되는 소리라며 소박한 꿈을 가질 것을 충고했다. 그는 당시를 이렇게 회상했다.

"저는 반에서 제일 멍청한 학생이었어요. 그래서 과제를 하면서도 만점을 받겠다는 생각은 아예 하지 않았죠. 그저 저 스스로 즐기기 위해서 글을 썼습니다. 그렇게 하니까 중압감도 사라지고 글쓰기가 한결 쉬워졌어요."

대학을 졸업한 그는 낮에는 가업인 인테리어 디자인 일을 했고 퇴근 후에는 타자기 앞에 앉아 글을 썼다. 그는 글을 쓸 때면 힘든 줄도, 시간 가는 줄도 몰랐다. 상상을 통해 이야기를 지어내는 일이 너무나 재미있었기 때문이다.

물론 스티븐 캐널 역시 뜻대로 글이 되지 않아 좌절하곤 했다. 남들보다 능력이 모자란다는 생각이 그를 괴롭힐 때도 있었다. 그는 당시를 이렇게 회상했다.

"때로 가슴 깊은 곳에서 제가 다른 사람들에 비해 모자란다는 생각이 고개를 들었습니다. 그러나 그럴 때마다 '그럼 어때서?'라고 생각했어요. 이제는 아예 그런 생각조차 하지 않게 되었죠."

그는 자신의 능력을 의심하기보다 온전히 믿기로 한 것이다. 그러자 그동안 자신을 괴롭혔던, 다른 사람들에 비해 능력이 모자란다는 부정적인 생각이 들지 않았을 뿐만 아니라 자신의 능력을 십분 발휘할 수 있었다. 그 후 그는 〈록포드 파일〉〈바레타〉〈A특공대〉〈헌터〉 등의 히트작을 비롯해 누구보다 많은 드라마를 집필했다.

여러분도 스티븐 캐널처럼 스스로 한계와 시련이라는 알 껍질을 깨고 나와야 한다. 그러기 위해선 자신을 온전히 신뢰할 수 있어야 한다. 그래야 자신의 능력을 십분 발휘할 수 있기 때문이다.

'스타강사' '연봉 10억 강사'라 불리는 토익강사 유수연이 있다. 그녀는 토익 분야에선 하나의 유명 브랜드로 통한다. 그런 유수연에게도 무수히 많은 고비들이 있었다. 그러나 그녀는 인생의 고비마다 패를 뒤집어 위기를 기회로 만들어냈다. 그녀는 한 인터뷰에서 그동안 패를 뒤집은 고비에 대해 이렇게 말했다.

"살다 보면 지금이 항상 고비인 것 같다. 하지만 지나고 나면 늘 고비가 아니었던 것 같다. 살 만하니까 살았고 버틸 만하니까 버텼겠지. 고비를 버틸 수 없었으면 지금 여기에 있을 수 없었을 거다. 난 뭐든 유난스럽지 않게 반응하는 게 중요하다고 생각한다. 요즘엔 사람들이 너무 민감해서 꼭 프라이팬에 올려둔 팝콘 같다. 어디로 튈지 몰라, 조금만 뜨거우면 이리 튀고 저리 튀고. 누가 조금만 건드리면 잡아먹을 듯이 덤비고. 난 고비라는 건 항상 그걸 잘 견디면 기회라고 생각한다. 고비라는 건 잘만 버티면 뒤집는 패가 된다. 다음 단계로 넘어가는 거다. 고비라고 몸을 피하고 순간을 모면해버리면 계속 후퇴만 있다. 후퇴를 하다 보면 마치 자기한테 기회가 없는 것처럼 느껴진다. 기회라는 건 결국 그 고비가 다 지나가고 난 그 자리에서 다시 나오는 건데 말이다."

지금은 모든 이들이 인정하는 성공한 사람의 대열에 서 있지만 과거에는 그녀 역시 여러분처럼 미래를 두려워하는 평범한 취업 준비생이었다. 그러나 자신의 인생을 바꾸기로 결심하고는 독하게 자신을 벼랑으로 내몰았다.

그녀는 한 학기 등록금만을 들고 무작정 호주로 떠났다. 그곳에서 어학원 과정을 3개월 만에 마치고 호주 대학에 입학했는가 하면 귀국해 인기 토익 강사 자리에 우뚝 섰다. 그러나 그녀는 또 다시 새로운 도전에 나서게 된다. 홀연히 영국으로 떠나 하루 4시간 수면에 15~16시간을 지독하게 공부한 끝에 대학원을 마칠 수 있었다. 미국 하얏트에서는 각성제를 먹어가며 고된 호텔리어 생활을 거쳤고 마침내 한국에서 손꼽히는 수십억 연봉의 영어 강사 자리에 올랐다.

유수연은 이렇게 말한 바 있다.

"기본적으로 미련한 편이고 뭘 하든 남보다 잘할 거라고 생각하지 않는다. 대신 남들보다 오래 버틴다. 그리고 갈등을 안 한다. 그래서 에너지를 소모하지 않는다. 감정적으로 낭비를 하지 않는 거다. 내가 끝까지 가든지, 버티다 보면 다른 기회가 온다. 하지만 중간에 돌아서면 아무것도 남지 않는다. 그러니 갈등할 이유가 없다."

유수연은 '이만하면 됐다'는 생각이 들 때 다시 한 번 도전했고, '이보다 더 노력할 수 없다'고 느꼈을 때 한걸음 더 나아갔다. 그녀의 인생은 끝없이 자신의 한계를 시험하며 살아온 시간의 축적이었다.

여러분 역시 과거의 유수연처럼 시련과 한계라는 껍질 속에 갇혀 있다. 그래서 지금 갑갑하고, 불안하고, 두려운 마음이 앞선다. 그렇더라도 혼자 힘으로 그 껍질을 깨고 나와야 한다. 자신을 가두는 껍질에서 탈피할 때 여러분의 가능성은 더 커지게 된다.

계란 프라이가 되느냐, 아니면 병아리가 되느냐는 여러분의 선택과 의지에 달렸다는 것을 기억하길 바란다.

인생을 바꾼 마시멜로 한 개

모든 성공은 인내를 필요로 한다. 성공으로 향하는 여정 속에는 숱한 시련과 역경이 도사리고 있다. 따라서 인내 없이는 시련과 역경을 뛰어넘을 수 없을 뿐 아니라 그대로 주저앉게 된다.

한 분야에서 일가를 이룬 사람들도 우리와 다름없이 보통 두뇌와 학벌을 가졌다. 그러나 그들에게는 한 가지 공통점이 있는데, 바로 인내의 달인이라는 것이다. 어떤 어려움이 닥쳐도 포기하지 않고 그것을 해결하기 위해 분투한다. 그들은 남들이 불가능하다는 일조차 어떻게든 되게 만든다.

인내는 우리가 성장하는 데 있어 꼭 필요한 성공 요소이다. 4세 아동을 대상으로 마시멜로 실험을 한 미국 스탠퍼드 대학의 월터 미셸 박사의 실험을 통해 인내가 주는 보상이 얼마나 큰지 알 수 있다.

월터 미셸 박사는 이른바 '마시멜로 실험'을 통해 놀라운 사실을 발견했다. 그는 4살짜리 어린아이들을 실험대상으로 삼아 마시멜로를 하나씩 나누어 준 뒤 15분 동안 먹지 않고 있으면 마시멜로 하나를 더 주겠다고 제안했다.

실험에 참가한 어린아이 중 3분의 1은 15분을 참지 못하고 마시멜로를 먹었다. 나머지 3분의 2에 해당하는 아이들은 15분을 잘 견디어 마시멜로 하나를 더 먹었다. 놀라운 사실은 훗날 이들을 추적 조사한 결과 어린 시절 실험에서 마시멜로의 유혹을 참아 낸 아이들은 스트레스를 조절하고 통제하는 능력과 사회성이 뛰어난 청소년으로 성장한 반면에 15분을 채 견디지 못하고 마시멜로를 먹은 아이들은 자기감정을 조절하지 못하는 청소년으로 성장했다는 것이다. 뿐만 아니라 미국의 수능시험 SAT에서 평균 125점의 차이가 났다는 것을 알 수 있었다.

시험 성적이 높은 친구들, 회사에서 성과를 내는 직장인들은 다 이유가 있다. 남들이 게으름을 피우거나 멈출 때도 몰입해서 공부하고 일한다는 것이다. 그들은 남들만큼 해선 남들을 이길 수 없다는 것을 알고 있다.

전설적인 판매왕 빌 포터라는 사람이 있다. 그는 뇌성마비 장애를 극복하고 자신의 분야에서 전설적인 존재가 되었다. 그는 어떻게 장애를 극복하고 자신의 분야에서 최고가 될 수 있었을까?

1932년 빌 포터는 태어날 당시 뇌의 일부가 찌그러졌다. 난산으로 인해 의사들이 겸자를 써서 빌을 꺼내다가, 실수로 빌의 뇌를 손상시켰던 것이다. 뇌손상의 결과는 뇌성마비로, 그는 말하고 걷는 것이 정상인과 달랐다. 하지만 빌의 어머니는 그에게 늘 입버릇처럼 말했다.

"넌 할 수 있어. 얼마든지 성공할 수 있어."

빌은 어머니의 도움과 격려에 힘입어 세일즈 활동에 관심을 쏟았다. 그는 결코 자신을 '무능력자'로 여기지 않았다.

그가 처음 지원한 회사는 빌이 샘플가방을 들고 다닐 수 없다는 이유로 입사를 거절했다. 다음에 찾아간 와트킨스 사도 마찬가지였다. 그러나 빌은 일할 수 있다며 채용해 달라고 고집스럽게 매달렸다.

회사는 마지못해 그를 채용했지만 대신 다른 세일즈맨들이 모두 회피하는 지역을 그에게 할당했다. 이렇게 해서 그는 1959년 방문판매를 시작했다.

장애를 가진 빌은 담당 구역까지 걸어가는 데에만 세 시간이 걸렸다. 매일 그는 담당 구역으로 가는 길에 구두닦이한테 들러서 구두끈을 매달라고 부탁했다. 손이 너무 뒤틀려 있어서 구두끈을 맬 수 없었기 때문이다. 그런 다음 호텔에 들러 도어맨에게 와이셔츠 단추를 채워달라고 부탁했다.

그는 날씨가 좋든 나쁘든 날마다 16킬로미터를 걸어 다녔다. 쓸 수 없는 오른팔을 뒤로 감추고 무거운 샘플 가방을 끌고 언덕을 오르내렸다. 담당 구역에 있는 집들을 모두 돌아다니려면 석 달이 걸렸지만 그는 한 집도 빠짐없이 문을 두드렸다. 처음 고객들은 그의 방문을 귀찮아했다. 숱한 거절을 당한 그는 더 이상 거절을 두려워하지 않게 되었다.

빌은 늘 한결같은 모습으로 고객들을 찾아가 꼼꼼하게 상품을 설명하고, 약속을 지키는 모습을 보여주었다. 그러자 시간이 갈수록 그를 반갑게 맞아들이는 집이 많아졌고, 그의 실적 역시 꾸준히 올라갔다. 빌은 24년 동안 수백만 가구의 문을 두드린 뒤 마침내 자신의 꿈을 이루었다. 와트킨스 사의 서부지역 판매왕에 선정된 것이다. 그때부터 그는 한 번도 판매왕 자리를 놓치지 않았다.

자신의 몸을 장애로 생각하지 않고 긍정적인 마음과 도전정신으로 극복해낸 빌 포터의 이야기는 1995년 「오리고니언」에 실린 후 「리더스다이제스트」, ABC방송국의 뉴스매거진 〈20/20〉에서도 소개되며 전 미국인의 가슴을 감동으로 물들였다. 그의 이야기는 2002년에는 윌리엄 H. 메이시가 출연한 TV 영화로도 만들어졌다.

『성공하는 사람들의 7가지 습관』의 저자 스티븐 코비는 빌 포터의 성공 스토리를 접한 뒤 이렇게 말했다.

"우리를 좌절하게 만드는 것은 신체적 장애가 아닌 마음의 장애다. 빌은 우리 모두에게 훌륭한 모범이자 아름다운 자극제다."

나 역시 스티븐 코비의 말에 동감한다. 모든 사람의 내면에는 성공 씨앗이 심겨져 있다. 그런데 소수의 사람들만이 성공이라는 정상에 오른다. 다수의 사람들은 불행히도 자신의 내면에 성공 씨앗이 심겨져 있는지도 자각하지 못한 채 남의 성공만 부러워하다 생을 마감한다.

성공 씨앗은 절대 저절로 발아되지 않는다. 꿈과 노력, 도전 등의 성공 요소들과 함께 시련과 역경을 극복할 수 있는 강한 인내심이 뒷받침될 때 비로소 싹이 트고 줄기를 키워올리게 된다. 성공이라는 꽃을 피운 사람들이 지닌 최고의 경쟁력은 인내이다. 지금의 시련과 역경으로 인한 고통을 묵묵히 참고 견딜 수 있는 사람이 결국 원하는 것을 얻게 된다.

1999년 '노근리 학살 사건'의 진실을 밝혀 한국인 최초로 퓰리처상을 수상한 최상훈 기자. 그는 한 분야에서 성공하기 위해선 끈기와 인내가 중요하다고 말한다.

"끈기와 인내를 강조하면 천재성이 없고 능력이나 창의력이 부족한 사람들의 차선책이 아닌가 생각하는 사람들이 많은데 시간이 지날수록 성실함과 꾸준함, 끈기, 인내가 중요한 것 같아요. 천재나 엄청난 성공을 이룬 사람, 우리가 보기에는 단기간에 남이 상상할 수 없을 만큼 큰일을 한 사람도 자세히 보면 남다른 끈기와 인내가 바탕인 경우가 대부분이더군요."

꿈과 마찬가지로 인내 역시 아무리 강조해도 지나치지 않는다. 그만큼 후회 없는 인생을 살기 위해선 인내가 차지하는 비중이 크기 때문이다.

　많은 사람들이 성공의 문턱에서 쉽게 좌절하고 포기하는 것은 성공에 대한 확신이 없기 때문이다. 그렇다면 확신이 없을 때는 어떻게 해야 할까? 5명의 멘토가 청춘에게 전하는 희망 프로젝트 '우리 함께 꿈꾸자 Dream, together'라는 강연에서 진행을 맡았던 김여진은 노희경에게 "확신이 없을 때 어떻게 하셨나요? 한걸음도 뗄 수 없을 때가 있으셨나요?"라는 질문을 던졌다. 그러자 노희경은 이렇게 답했다.

　"있었어요. 아침에 눈을 뜨지 않았으면 했던 적도 있었어요. 그게 『고독』 쓸 때였는데, 아침에 눈이 안 떠졌으면, 그래서 확 죽었으면, 이런 생각까지 들 만큼 절대공포가 찾아왔었어요. 그때 제 안의 의심이 바로 제 적이라는 걸 알았죠. 요즘 제 기도문은 '오직 지금 이 순간 최선을 다하겠습니다'예요. 지금 작품을 쓰고 있는데 의심이 들어요. '이 한 장면을 고친다고, 지금 이렇게 많은 문제들이 있는데 잘 진행될까?' '다음 회를 쓸 수 있을까?' 계속 의심이 든단 말이에요. '그래도 지금 이 순간 최선을 다하자.' 그러죠. 정신이 안 차려지면 목욕도 가고 그래요. 요즘 제가 컨디션이 별로 안 좋았어요. 하루에 서너 번씩 샤워를 하거나 머리를 감고 얼굴을 씻고, 그러고 나서 정신 차리고 또 보고 또 보고. 우리가 정말 사랑한다면 이 정도 노력은 노력도 아니잖아요."

　하는 일에 대해 의심하게 되면 자신의 전부를 쏟을 수 없다. 그 결과 다양한 핑곗거리를 만들어 포기하게 된다. 포기하는 순간 모든 것은 정지된다. 거기까지라는 말이다. 때로 '잘할 수 있을까?'라는 의심이 들어도 최선을 다해 노력해야 한다.

인생은 생각보다 길다. 긴 인생을 암울하게 살 것인가, 영화 속 주인공처럼 멋지게 살 것인가는 전적으로 여러분에게 달렸다. 인생을 눈부시게 바꿔줄 마시멜로를 덥석 먹지 말고 미래를 위해 남겨놓기를 바란다.

1리터의 땀과 눈물을 쏟을 때
빛이 보인다

모든 성공의 기본은 땀과 눈물이다. 독한 노력 없이는 절대 성공할 수 없다. 세계적인 첼리스트 장한나. 그녀는 2009년 9월, 예능 프로그램인 〈무릎팍 도사〉에 출연해 이렇게 말했다.

"지휘를 하려면 300곡을 외워야 한다. 아니다, 해보니 300곡은 기본이고 거기에 덧붙는 곡이 끝이 없다."

"유럽 극장에서 내년에 오페라를 하자는 제의도 받았는데, 오페라는 2시간 동안 아리아를 포함해 수십 곡을 다뤄야 하는 대작이라 그거 외울 생각하면 지금부터 머리가 아프다."

장한나의 성공은 하루아침에 이루어진 것이 아니다. 남들은 상상도 하지 못할 노력, 즉 땀과 눈물을 쏟았던 것이다.

음악천재로 손꼽히는 모차르트. 그가 초기에 작곡한 곡들이 나이에 비해 탁월했다고 해서 그가 남들보다 쉽게 작곡을 했다고 생각하면 오산이다. 물론 그가 쓴 악보들이 너무나 훌륭했기에 그의 아버지인 레오폴트가 썼다고 주장하는 사람들도 많다. 그러나 심리학자 마이클 호위는 저서 『천재를 말하다』에서 이렇게 말한다.

"숙달된 작곡가의 기준으로 볼 때 모차르트의 초기 작품은 그리 놀라운 것이 아니다. 가장 초기에 나온 작품은 대개 모차르트의 아버지가 작성했을 것으로 추측되며 그 이후 점점 발전해왔다. 모차르트가 어린 시절에 작곡한 협주곡, 특히 처음 일곱 편의 피아노 협주곡은 다른 작곡가들의 작품을 재배열한 것에 지나지 않는다. 현재 걸작으로 평가받는 진정한 모차르트의 협주곡은 스물한 살 때부터 만들어졌다. 이는 모차르트가 협주곡을 만들기 시작한 지 10년이 지난 시점이었다."

여기서 우리가 주목해야 할 것은 '현재 걸작으로 평가받는 진정한 모차르트의 협주곡은 스물한 살 때부터 만들어졌다. 이는 모차르트가 협주곡을 만들기 시작한 지 10년이 지난 시점이었다'라는 대목이다. 곡을 쓰기 시작한 지 10년 후부터 탁월한 곡이 탄생했다는 말이다.

어린 시절 가난했던 경험을 성공의 원동력으로 삼는 박정훈 피디가 있다. 그는 〈그것이 알고 싶다〉 〈생명의 기적〉 〈아름다운 성〉 등 화제의 다큐멘터리를 제작해 '한국방송대상'을 세 번이나 수상했는가 하면, '한국방송프로듀서 작품상'까지 수상한 최고의 피디로 꼽힌다.

2003년 한 신문사에서 조사한 '프로들이 뽑은 우리 분야 최고 교양 부문 피디' 1위에 선정된 그는 성공 비결을 이렇게 말한다.

"제가 피디로서 성공할 수 있었던 것은 어린 시절에 가난했기 때문입니다. 가난이 저의 힘이 되었습니다. 정서가 예민한 사춘기에 가난했기에 굴욕감과 창피함 같은 정서를 알게 되었고 집안에 대한 생각들을 많이 했어요. 그런 경험은 프로그램을 만들고 세상을 살아가는 데 있어 굉장히 좋은 경험이 되었습니다."

그가 작가와 마지막 대본 작업을 할 때는 분위기가 살벌하기까지 하다고 한다. 그와 좋은 관계를 유지해왔던 작가라도 마지막에 대본을 고치면서 우는 사람이 있을 정도이다. 그러나 그는 이런 치열함 없이는 좋은 작품이 탄생하지 않는다는 것을 잘 알고 있다. 그래서 그는 좋은 작품을 위해 절대 타협하지 않는 것으로 유명하다.

신경과학자 다니엘 레비틴은 오랜 연구 끝에 어느 분야에서건 최고가 되기 위해서는 '1만 시간' 동안 지독한 노력을 해야 한다는 것을 밝혀냈다.

"연구를 거듭할수록 작곡가, 야구 선수, 소설가, 스케이트 선수, 피아니스트, 체스 선수, 숙달된 범죄자와 그 밖의 어떤 분야에서든 이 수치를 확인할 수 있다. 1만 시간은 대략 하루 세 시간, 일주일에 스무 시간씩 10년간 연습한 것과 같다. 물론 이 수치는 '왜 어떤 사람은 똑같은 시간 동안 연습을 하고도 남보다 더 많은 것을 얻어내는가'에 대해서는 아무것도 설명해주지 못한다. 하지만 어느 분야에서든 이보다 적은 시간을 연습해 세계적인 수준의 전문가가 탄생한 경우를 발견하지 못했다. 어쩌면 두뇌는 진정한 숙련의 경지에 접어들기까지 그 정도의 시간을 요구하는지도 모른다."

심리학자 앤더스 에릭슨 역시 두 명의 동료와 함께 한 연구를 통해 다니엘 레비틴과 같은 연구 결과를 얻었다.

그는 바이올린을 배우는 베를린 음악아카데미 학생들을 세 그룹으로 나누었다. 첫 번째 그룹은 장래에 세계적인 수준의 솔로 연주가가 될 만한 실력을 갖춘 엘리트 학생들이었다. 두 번째 그룹은 그저 '잘한다'는 평가를 받는 학생들이었고, 세 번째 그룹은 연주 실력은 별로이지만 음악 교사를 꿈꾸는 학생들이었다. 앤더스 에릭슨과 동료들은 학생들에게 이런 공통된 질문을 던졌다.

"처음 바이올린을 집어든 순간부터 지금까지 얼마나 많은 연습을 했는가?"

첫 번째 그룹에 속하는 학생들이 1만 시간가량의 연습을 한 것으로 나타난 데 비해 두 번째 그룹은 8,000시간, 세 번째 그룹은 4,000시간 동안 연습했던 것으로 조사되었다.

1960년대 브룩클린 다저스를 정상의 팀으로 이끈 주인공 중 하나인 모리 윌스. 다저스에서 입단 심사를 받을 당시 그의 키는 173 센티미터였고 몸무게는 68킬로그램에 불과했다. 어떤 포지션도 맡기 어려운 작은 체구였다. 그러나 다저스는 그가 훌륭한 단거리 주자인데다 장래성 있는 투수라는 것을 높이 사 계약을 맺었다.

모리와 입단 계약을 맺은 다저스는 기량을 더 닦으라는 뜻으로 그를 마이너리그로 보냈다. 그는 열심히 노력해서 2년 안에 다저스에서 '메이저리그 최초의 흑인 선수' '최초의 흑인 명예의 전당 헌액자'인 재키 로빈슨과 함께 뛰겠다고 결심했다.

그는 프로야구의 가장 낮은 등급인 D등급에서 출발했다. 경기장에 가기 위해 버스를 타야 했고, 인종 차별이 심한 동네에서는 괴롭힘을 당했다. 게다가 월 150달러라는 적은 월급으로 가족들의 생계를 책임져야 했다.

그는 매일 베팅 연습에 집중했다. 그러나 몇 년에 걸친 혹독한 훈련과 연습에도 불구하고 메이저리그에 이름을 올리기에는 역부족이었다. 하루는 그가 연습에 땀을 쏟고 있을 때 팀 감독인 바비 브래건이 왼쪽 플레이트에서 스윙을 하고 있는 그를 지켜보고 있었다. 바비는 모리가 커브볼에 머리를 맞을까봐 겁을 내고 있다는 것을 눈치챘다. 바비는 모리에게 좌우 어느 타석에서나 공을 칠 수 있는 기술을 연마하라고 조언했다.

"오른손잡이 타자로 7년 반 동안 슬럼프를 겪고 있지 않나. 더 이상 잃을 것도 없어. 내일 일찍 나오게. 내가 투구를 하지."

다음날부터, 다른 선수들이 오기 몇 시간 전에 모리에게 공을 던져주던 바비는 그에게서 새로운 가능성을 발견할 수 있었다. 마이너리그에서 훈련한 지 8년째 되는 해, 당시 다저스의 유격수가 발가락에 부상을 당하는 바람에 구단장은 새로운 유격수를 찾아야 했다. 그때 바비가 구단으로 전화를 걸어서 말했다.

"굳이 멀리서 찾으실 필요가 없습니다. 여기 적당한 사람이 있으니까요."

바비는 구단주에게 적극적으로 모리를 추천했다. 그렇게 해서 모리는 유격수라는 포지션을 얻었다. 그는 두 번의 시합을 치르며 메이저리그는 마이너리그와는 비교도 할 수 없을 만큼 힘들다는 것을 뼈저리게 느꼈다.

감독은 시합 때마다 모리에게 베팅 기회를 몇 번 준 후 7회쯤에는 그를 빼고 대타를 내보냈다. 모리는 당시를 이렇게 회상했다.

"모든 조짐이 뚜렷했어요. 그대로 가다간 마이너리그로 되돌아가게 될 게 분명했습니다."

그는 어떤 일이 있더라도 자신의 실력을 보여주고 싶었다. 다시 마이너리그로 돌아가는 것은 죽기보다 싫었기 때문이다.

모리는 고민 끝에 1루 코치인 피트 레이저에게 도움을 구했다. 모리는 피트의 도움을 받아 정규 연습이 시작되기 두 시간 전에 베팅 연습에 전념했다. 날씨가 좋든 나쁘든 상관없이 매일 베팅을 하면서 스윙 연습과 함께 자신감을 키우기 위해 정신력 훈련도 함께 병행했다.

2주 후, 모리는 타석에 오르자마자 안타를 쳤는가 하면, 두 번째로 나선 타석에서도 안타를 쳤다. 그리고 또 한 번의 안타를 쳤다. 다음날 그는 두 번의 안타를 쳤고, 그 다음날에는 네 번의 안타를 쳤다. 그의 타율은 곡선그래프를 그렸다. 그렇게 해서 마침내 모리는 8년 반이라는 힘든 세월 동안의 혹독한 담금질을 통해 자신의 자리를 찾았다.

모리는 메이저리그의 유격수이자 타자로서 자리매김하는 데 성공했다. 그러나 그는 더욱 강도를 높여 훈련과 연습에 임했다. 그는 상대편 투수의 모션을 공부하고 상대편 포수가 투구하는 타이밍을 연구했다. 그리고 힘 있는 테이크오프와 상대방을 현혹시키는 슬라이딩을 연습했다. 그 결과는 역사상 누구보다도 많은 도루에 성공했다. 시즌이 끝난 후 그는 명예의 전당 거인들인 윌리 메이스, 돈 드라이스데일, 샌디 쿠팩스와 함께 내셔널리그의 MVP에 지명되는 기쁨을 안았다. 야구 인생에서 가장 힘들었던 시절을 회상하며 모리 윌스는 이렇게 말했다.

"10회 연속 무안타를 기록하면서도 계속 타석에 서야 한다는 것은 정말 힘든 일이었습니다. 그렇지만 저는 자신감이 일정한 성공을 경험한 후에야 온다는 것을, 그리고 성공은 엄청난 연습과 준비 후에야 온다는 것을 배웠습니다."

그렇다. 성공은 그냥 주어지지 않는다. 혹독한 시련과 역경 속에도 꾸준한 노력을 쏟는 과정이 수반되어야 한다. 땀과 눈물 없이는 절대 최고의 자리에 오를 수 없다. 그래서 나는 사람들에게 "한 분야에서 성공하기 위해선 1리터의 땀과 눈물을 쏟아야 한다."라고 말한다.

현재 〈KBS 뉴스 9〉를 진행하고 있는 조수민 아나운서. 그녀는 과거 선배 앵커들을 닮기 위해 조언을 구하며 부단히 노력했다고 한다. 그녀는 자신의 성공 비결을 땀과 눈물에 있다고 말한다.

"모든 것이 자기와의 싸움인 것 같아요. 거창한 계획이 목표를 이루게 하는 것은 아닙니다. 저는 늘 제게 주어졌던 아주 작은 일도 열심히 하고자 했어요. 고등학교 때 수업 시간부터 대학 시절 친구들과 보낸 시간과 언론사에서 인턴으로 일한 시간 등 매 순간 최선을 다하려고 노력했습니다. 그리고 입사한 뒤에는 1분짜리 라디오 뉴스도 열심히 했습니다. 작은 일을 열심히 하다 보면 더 큰 행운은 따라오게 마련입니다."

성공하는 인생을 살고자 한다면 아주 작은 일에서부터 최선을 다해야 한다. 기회나 행운은 결코 거창한 일에 숨어 있지 않다. 따라서 무슨 일을 하건 매 순간 최선을 다하는 모습이 중요하다.

지금 하는 일에 전부를 쏟아라. 자신의 전부를 쏟을 때 길이 보이고 기회가 찾아오게 된다.

06

도전 없이 이루어진 성공은 없다

실험은 많이 하면 할수록 좋은 결과를 기대할 수 있다.
삶이란 모두 실험이 아닌가.
당신이 할 수 있는 가장 위험한 일을 시도하라.
당신 스스로 행동하라. 안 될 것이라고 의심해선 안 된다.
주저하지 말고 한번 시험해보라.

— 디오도어 루빈(미국의 정신분석학자)

골이 깊으면 산도 높다

"위대한 사람은 단번에 그와 같이 높은 곳에 뛰어오른 것이 아니다. 동반자들이 밤에 단잠을 잘 적에 그는 일어나서 괴로움을 이기고 일에 몰두했던 것이다. 인생은 자고 쉬는 데 있는 것이 아니라 한 걸음 한 걸음 걸어나가는 속에 있다."

영국의 시인 브라우닝의 말이다. 그렇다. 우리에겐 어떤 어려움이 있더라도 묵묵히 앞을 향해 내딛는 용기가 필요하다. 세상의 스포트라이트는 이런 사람을 비추게 마련이다. 자신의 분야에서 성공한 사람들을 만나보면 피나는 고생 끝에 성공했다는 것을 알 수 있다.

그들 가운데 스팀청소기를 발명한 '한경희 생활과학'의 한경희 대표가 있다. 그녀는 아이디어 하나로 주부들을 힘든 걸레질로부터 해방시켰을 뿐만 아니라 현재 사업가로서 성공가도를 달리고 있다.

그녀가 스팀청소기를 개발하게 된 데는 계기가 있다. 공무원 생활을 하고 있던 어느 날 그녀는 거실에서 힘들게 걸레질을 하고 있었다. 힘든 걸레질에 허리와 무릎이 아파왔다. 그때 문득 이런 생각이 들었다.

'이렇게 엎드려 걸레질을 하지 않고 바닥을 닦을 수는 없을까?'

이런 의문에서 나온 스팀청소기 사업을 직접 해보기로 결심하고 그녀는 다니던 직장에 미련 없이 사표를 던졌다.

사업경험은 고사하고 문과 출신으로 과학기술에 문외한이었지만 그녀는 '로켓도 만드는 세상인데 이까짓 스팀청소기 하나 못 만들까'라는 생각으로 제품 개발에 나섰다. 그러나 카이스트 등 국내 대학을 기웃거리며 자문을 구했지만 번번이 기술적 난관에 부딪쳤다. 집을 담보 잡힌 종잣돈 1억 원으로 6개월이면 성공할 것 같았던 제품 개발은 계속 늦춰졌다. 그 과정에서 시댁과 친정집까지 저당 잡히며 쏟아 부은 돈만도 6억 원에 달했다.

당시 그녀는 '이러다간 혼자만 망하는 게 아니라 두 집안을 거덜내게 생겼다'는 위기의식 때문에 밤잠을 설치기 일쑤였다. 꼬박 3년의 제품 개발 끝에 시제품이 나왔지만 만족스럽지 못했다. 제품 보일러 탱크의 누수 가능성 등 사소한 결함이 발견된 것이다.

주위에서는 "이 정도면 중소기업 제품으로는 나무랄 데 없고, 앞으로 차차 보완하면 된다."며 생산을 종용했다. 그러나 그녀는 눈물을 머금고 시제품 3,000대 전량을 폐기처분했다. 자신의 이름이 붙은 하자 제품을 단 1대도 세상에 내놓지 않겠다는 생각 때문이었다.

수많은 시행착오를 거친 후 마침내 생산을 시작했다. 그러나 판매는 생각처럼 순조롭지 못했고 제품은 창고에 쌓여만 갔다.

그녀는 당시를 이렇게 회상했다.

"세상에서 제일 힘든 것이 개발인 줄 알았어요. 그런데 그보다 갑절은 힘든 게 유통이란 것을 나중에야 알았어요."

그러나 포기하지 않고 각개전투식으로 판로를 뚫은 결과 제품이 조금씩 팔리기 시작했다. 2002년, 20억 원이던 매출이 다음해엔 40억 원으로 불어났다. 그러다 홈쇼핑에서 대박이 터졌다.

2004년 홈쇼핑에서 첫 판매 때, 1회 방송 주문 접수 9,000개라는 기록을 세우는 쾌거를 올렸다. 현재는 홈쇼핑뿐 아니라 백화점, 대형마트, 온라인쇼핑몰 등 다양한 유통라인을 통해 연 매출액만 약 1,500억 원을 올리고 있다. 지금은 집집마다 스팀청소기가 있을 만큼 스팀청소기 돌풍을 일으키며 급성장을 한 것이다.

나는 이런 생각을 해본다. 한경희가 스팀청소기라는 아이디어는 떠올렸지만 직접 스팀청소기 개발에 도전하지 않았다면 지금 어떤 인생을 살고 있을까? 안정적인 공무원 생활을 하며 다람쥐 쳇바퀴 같은 인생을 살고 있을 것이다. 분명 지금과 같은 역동적이면서 도전적인 인생과는 거리가 멀 것이다.

세상은 한경희처럼 도전정신으로 무장한 사람에게 기회를 제공한다. 도전 없이는 결코 성공하는 인생을 살 수 없다. 도전하지 않는다는 것은 현실에 안주하며 산다는 뜻이기 때문이다.

‘골든보이’ ‘인간어뢰’로 불리는 박태환. 그는 과거 소년체전에서 우승을 거듭하며 유명세를 떨치기 시작했다. 그리고 중학교 3학년 시절 ‘2004년 아테네올림픽’에 최연소 국가대표로 발탁되었다. 어린 나이에 안정된 영법과 뛰어난 부력을 지닌 그를 보고 중장거리 수영의 재목으로 수영 국가대표팀 김봉조 감독이 낙점했던 것이다.

그러나 박태환에게 세계 대회의 벽은 높았다. 자유형 400m 예선에 나선 박태환은 너무 긴장한 나머지 준비 신호 소리에 물속으로 뛰어들고 말았다. 수영은 부정 출발 시 기회가 다시 주어지지 않았던 탓에 박태환은 그대로 퇴장하는 뼈아픈 고통을 겪어야만 했다. 자신이 부정 출발을 했다는 것이 믿어지지 않았던 박태환은 탈의실에서 2시간이나 눈물을 흘렸다. 그렇게 그는 어이없는 실수로 세계 선수들과 실력을 겨뤄보지도 못한 채 귀국행 비행기에 몸을 실어야 했다. 귀국 후에도 부정 출발이라는 뼈아픈 기억은 쉽게 사라지지 않았고 그는 두 달 동안 집 밖으로 나오지 않았다.

그러나 그는 언제까지나 좌절하고 있지만은 않았다. 다시 마음을 추스르고 스타트 연습에 집중했다. 훈련 시간의 대부분을 스타트 연습에 쏟을 정도로 지난 실수를 만회하기 위해 매진했다.

이런 노력 덕분에 그는 같은 해 11월, 호주 멜버른에서 열린 국제수영연맹 2004-2005 경영월드컵에 출전해 자유형 1,500m 준우승을 차지하는 쾌거를 올렸다. 그리고 다음 달 대전에서 개최한 3차 대회에서 자유형 400m와 1,500m에서 은메달, 200m에서는 동메달을 획득하는 데 성공했다.

2006년에는 아시아 정상에 우뚝 섰다. 8월 범태평양수영대회에서 2개의 아시아신기록을 세운 뒤, 12월에는 도하아시안게임에서 3관왕에 오르며 대회 MVP까지 거머쥐었다.

2007년 3월에는 한국 수영 사상 최초로 세계무대를 정복했다. 호주 멜버른에서 벌어진 세계선수권대회에서 '장거리 황제'인 호주의 그랜트 해켓을 제치고 자유형 400m 우승을 차지한 것이다. 이로써 그는 아테네올림픽에서 있었던 '부정 출발'의 악몽을 깨끗이 씻어낼 수 있었다.

박태환은 어린 시절, 부정 출발이라는 아픔을 겪었다. 그 아픔은 그를 더욱 훈련과 연습에 매진하게 했고, 그 결과 자신의 분야에서 최고가 될 수 있었다. 과거의 아픔이 오히려 약이 되었던 것이다.

상대가 성공할 사람인지, 실패할 사람인지를 구분하는 방법이 있다. 바로 그의 지나온 과거를 살펴보는 것이다. 특히 성공보다 실패를 대하는 자세를 보면 그의 미래를 알 수 있다.

서울동부지법 형사 단독 판사로 재직 중인 백승엽 판사. 그는 대학 4학년 때 사법고시 1차 시험에는 합격했지만 2년 연속 2차에서 떨어졌다. 이듬해 법학 대학원에 다니며 재도전했지만 단 한 문제 차이로 1차 시험에서 떨어지는 아픔을 맛봐야 했다. 3년 동안의 힘겨운 공부가 수포로 돌아간 것이다.

그러나 그는 마음을 다잡고 다음 해인 대학원 2학년 때 어느 때보다 절박한 심정으로 시험에 응시했다. 이번 시험에서 떨어지면 군에 입대해야 했기 때문이다. 절박한 심정 때문이었을까, 그는 1, 2차 시험에 연속 합격하는 쾌거를 이루어냈다.

백승엽 판사는 이렇게 말한다.

"지나고 보니 그 실패가 인생을 살아가는 데 성숙해지는 밑바탕이 되었습니다. 실패하더라도 좌절하거나 두려워할 필요가 없어요. 실패를 인생의 자양분으로 여기고 다음을 준비하면 되니까요."

골이 깊으면 산도 높은 법이다. 실패했다고 해서 좌절하고 절망해선 안 된다. 좌절하고 절망하는 순간 끝이다. 실패를 대하는 자세를 바꿀 필요가 있다. 실패를 부정적으로 여기기보다 실패를 통해 더 잘할 수 있는 힌트를 얻은 것에 감사해야 한다. 분명 실패 속에 답이 있기 때문이다.

독일 전 육군 참모총장 폰 몰트케는 이런 말을 했다.

"나는 항상 젊은 사람들의 실패를 흥미를 가지고 바라본다. 젊은 시절의 실패는 곧 성공의 토대가 된다. 젊은 사람 앞에는 실패를 하고 나서 그대로 물러서든가 아니면 다시 일어서든가 하는 두 가지의 길이 있는데, 이 순간에 그의 생애는 결정되는 것이다."

처음부터 홈런을 칠 수 없다

나는 성공 횟수보다 실패 횟수가 더 많다. 처음 책을 출간하고자 마음먹은 후 심혈을 기울여 책을 썼지만 출판사들은 알아주지 않았다. 오히려 작가로서의 재능이 전혀 보이지 않는다며 다른 일을 해보라는 충고를 들어야 했다. 그리고 강연가로 시작했을 때는 무대 공포증 때문에 하고 싶은 말을 제대로 하지 못한 채 강연을 마쳐야 했다.

그러나 이런 실패의 횟수가 늘어날수록 성공의 확률 또한 커졌다. 지금 이렇게 많은 책을 집필하고 강연가로서 바쁘게 살고 있는 것은 실패에도 아랑곳하지 않고 계속 도전했기 때문이다.

성공과 실패는 절대 분리될 수 없는 불가분의 관계다. 처음부터 성공을 원하거나 실패를 두려워한다면 절대 성공할 수 없다. 모든 일에는 순서가 있듯이 성공 역시 마찬가지다. 실패라는 피드백 후에 성공으로 가는 힌트를 얻을 수 있다.

롯데호텔 이영재 총지배인. 그는 1986년 주위의 반대를 무릅쓰고 롯데호텔 객실에 호텔리어로 입문했다. 밑바닥부터 시작했지만 최선을 다한 덕분에 2008년 롯데호텔 울산 총지배인의 자리에 올랐다. 그는 어떤 마음 자세로 일하느냐가 인생을 바꾼다고 말한다.

"사람은 자기가 꾸는 꿈에 따라 미래가 달라집니다. 저는 호텔에서 일하고 싶었고 신입사원부터 시작해 총지배인이라는 자리까지 왔습니다. 어떤 직업이든 열심히 하면 인정받게 됩니다."

클리블랜드 인디언스에서 맹활약 중인 추신수는 한 인터뷰에서 이렇게 말한 적이 있다.

"사람들은 제가 어쩌다 친 홈런만 기억하고 부러워하거나 홈런을 못 치는 스스로에게 좌절하지만, 그 홈런이 있기까지는 안타에 그친 적도 많고 그도 아닌 파울볼이나 배드볼을 친 적도 비교할 수 없을 만큼 많아요. 홈런은 가끔 치는 거지만 그 가끔을 위해 수도 없이 때리는 연습을 했어요. 잘 치는 공이 많아질 때까지, 잘 칠 확률이 더 커질 때까지. 그래서 배트를 내려놓지 못하는 거죠."

그렇다. 한 번의 홈런이 있기까지 숱한 삼진과 파울볼, 배드볼을 쳐야 한다. 여기에다 매일 지독한 훈련과 연습이 뒤따라야 한다.

작가 오그 만디노는 이렇게 말했다.

"나는 성공할 때까지 멈추지 않을 것이다. 언제나 다음 걸음을 내디딜 것이다. 설령 그 걸음이 헛되이 끝난다 해도 다음, 또 다음 걸음을 뗄 것이다. 한 번에 한 걸음은 결코 어려운 일이 아니다. 작은 시도가 모이고 모여 결국 일이 완성된다는 것을 나는 알고 있다."

'KFC 할아버지'로 유명한 커넬 할랜드 샌더스. 그는 한때 가진 것 없는 무일푼의 신세였다. 그가 가진 것이라고는 치킨을 맛있게 튀기는 기술뿐이었다. 그는 음식점 주인에게 자신만이 만들 수 있는 맛있는 치킨요리법을 가르쳐주고 로열티를 받는 사업을 생각해냈다. 그의 발상은 새로운 아이디어였다. 하지만 프랜차이즈라는 개념조차 없던 당시, 레스토랑 주인들은 그를 정신 나간 사람으로 취급했다. 잡상인으로 오해한 나머지 설거지 하고 난 물을 끼얹으며 내쫓기도 했다. 그는 3년 넘게 전국을 돌아다니며 무려 1,009곳에서 거절을 당했지만 자신의 꿈을 포기하지 않았다.

아무리 거절의 말을 들어도 긍정적인 생각을 잊지 않았다.

"비록 지금은 아무도 알아주지 않아도 나는 반드시 성공할 거야."

그리고 마침내 68세 때 1,010번째 찾아간 레스토랑에서 첫 계약을 따냈다. 첫 계약자는 피터 허먼이었다. 샌더스의 치킨 맛에 흠뻑 매료된 허먼은 치킨 하나에 4센트의 로열티를 지불하는 조건으로 계약을 맺었다. 또 켄터키프라이드치킨이라는 이름도 제안했다.

이렇게 출발한 KFC는 현재 전 세계 80여 개국에서 1만 3,000여 곳의 매장을 가진 세계적인 프랜차이즈로 성공했다.

훗날 그는 이런 말을 남겼다.

"훌륭한 생각, 멋진 아이디어를 가진 사람은 무수히 많습니다. 그러나 행동으로 옮기는 사람은 드뭅니다. 저는 남들이 포기할 만한 일을 포기하지 않았습니다. 포기하는 대신 무언가 해내려고 애썼습니다."

인간 본성에 대한 날카로운 통찰력으로 인간 경영과 자기계발 분야 최고의 컨설턴트로 불리는 데일 카네기. 그가 한창 활동하던 시절 대공황이 닥쳐왔다. 모든 사람들이 힘겨워하는 가운데 그의 상황 역시 날로 악화되었다. 그 역시 심한 절망의 늪에 빠졌다.

더 이상 희망이 없다고 생각했던 카네기는 어느 날 아침 강물에 몸을 던지려고 집 밖으로 나왔다. 강을 향해 걷고 있는데 한 남자가 그를 소리쳐 불렀다. 뒤돌아보니 두 다리를 잃은 사람이 바퀴 달린 판자 위에 앉아 연필을 팔고 있었다.

그 사람 역시 절망적인 상황으로 보였다. 그럼에도 불구하고 그는 얼굴에 미소를 짓고 카네기에게 말을 걸었다.

"선생님, 연필 몇 자루만 사 주시겠습니까?"

카네기는 1달러짜리 지폐 한 장을 건네주고 다시 강을 향해 걸어갔다. 그때 그가 카네기에게 소리쳤다.

"연필 가져 가셔야죠!"

카네기는 고개를 저으며 대답했다.

"난 이제 연필이 필요 없어요."

그러나 그 남자는 포기하지 않고 계속 따라오면서 연필을 가져가든지 아니면 돈을 도로 가져가라고 말했다. 더욱 놀라운 것은 그 남자가 계속 미소를 머금고 있다는 사실이었다. 하는 수 없이 연필을 받아든 카네기는 자살할 마음이 사라졌다. 두 다리가 없어도 소망을 갖고 열심히 살아가는 그 사람을 보며 자신에게도 희망이 있음을 자각했던 것이다.

만일 데일 카네기가 절망의 늪에서 빠져나오지 못했다면 오늘날 우리가 아는 데일 카네기는 없을 것이다. 그는 자신보다 더 절망적인 상황에서도 삶의 희망을 잃지 않는 사람을 보며 아직 자신에게 있는 가능성과 희망을 깨달을 수 있었다. 어떤 절망적인 상황에 놓여도 스스로 희망을 포기하지 않는 한 성공의 가능성, 기회는 얼마든지 있다. 인생 역전이 가능하다는 말이다.

백지연은 『크리티컬 매스』에서 다음과 같이 말한다.

"인생의 성패는 능력 자체의 문제라기보다 그 문제를 대하는 태도에서 판가름이 난다. 단지 능력이 부족해서 일어서지 못하는 것이 아니다. 문제를 어떻게 바라보고 어떻게 대하는가 하는 태도에 달렸다. 성공한 이들에게서 보이는 공통점은 바로 이 지점에서 남다른 태도를 취한다는 것이다."

자신감이 나의 발전소다

세상에는 노력한 만큼 잘나가는 사람들이 있는 반면에 아무리 노력해도 나아지지 않는 사람들이 있다. 전자와 후자의 차이는 다음 두 가지에서 생겨난다.

① 문제의 원인이 자신이 아닌 외부에 있다고 생각한다.
② 자기계발에 힘쓰기보다 자신의 부족함을 탓한다.

문제의 원인이 외부에 있다고 믿으면 자꾸만 핑계를 찾게 된다. 자연히 자기계발을 통해 부족한 문제의 원인 혹은 부족한 부분을 보완하려는 노력을 덜하게 된다. 이미 '나는 여기까지야.'라는 한계를 그어놓았기 때문이다.

성공한 사람들은 대부분 힘든 과거를 가지고 있다. 그럼에도 불구하고 그들이 꿈을 실현하고 성공하는 인생을 살 수 있었던 것은 앞

에서 언급한 두 가지 외에 '자신감'을 가지고 있었기 때문이다. 자신
감이 결여된 사람은 시련과 역경을 만나게 되면 그대로 넘어지게 된
다. 그것을 극복해낼 수 있는 에너지, 자신감이 부족하기 때문이다.

세계적인 화가 피카소. 과거 그는 파리에서 오랜 무명 시절을 견
뎌야 했다. 당시 그는 누구보다 치열하게 그림을 그렸지만 화랑에서
는 이름 있는 화가의 작품만 찾을 뿐 그의 그림은 거들떠보지도 않
았다. 그림이 팔리지 않자 피카소는 지쳐갔고 급기야 절망에 빠졌
다. 수중에 돈도 얼마 남지 않았다. 그에게는 두 가지 선택밖에 남아
있지 않았다. 하나는 파리를 떠나는 것이고, 다른 하나는 거리에서
비참하게 구걸을 하는 것이었다.

그러나 피카소는 그 어떤 선택도 하지 않았다. 대신 자신의 전부
를 걸고 승부수를 던지기로 마음먹었다.

그는 대학생 몇 명을 고용해 그들에게 매일 파리 시내의 화랑들을
돌아다니며 화랑 주인에게 이런 질문을 하도록 했다.

"피카소의 그림이 있습니까?"

"어디에 가야 피카소의 그림을 구입할 수 있습니까?"

"피카소가 파리에 도착했나요?"

그렇게 한 달이 지나자 파리 시내의 모든 화랑 주인이 피카소라는
이름의 화가를 알게 되었다. 그러나 그의 그림을 사려는 사람은 많
은 데 반해 화랑에서는 도무지 그의 그림을 구할 수가 없었다. 이제

화랑 주인들은 피카소가 하루빨리 파리로 오기만을 학수고대하고 있었다.

얼마 후 피카소가 파리에 도착했다. 정확하게 말하면 화랑 주인들 앞에 모습을 드러낸 것이다. 피카소를 만난 화랑 주인들은 앞다투어 그의 그림을 사려고 했다. 그는 순식간에 자신의 그림을 모두 팔 수 있었다. 피카소의 작품은 화랑마다 전시되었고, 덩달아 피카소도 유명세를 타기 시작했다.

이러한 피카소의 행동에서 강한 자신감을 엿볼 수 있는데 그가 자신감을 가질 수 있었던 것은 두 가지 이유에서였다.

① 매일 치열하게 그림을 그렸다.

② 언젠가 세상이 자신의 그림을 알아줄 날이 오리라 믿고 있었다.

이 두 가지 가운데 하나라도 부족했다면 그는 대학생들을 고용해 화랑 주인에게 자신을 광고할 수 없었을 것이다. 자신의 능력, 즉 자신의 그림에 자부심이 있었기에 자신감을 가질 수 있었다는 말이다.

영화배우 짐 캐리는 영화배우가 되겠다는 청운의 꿈을 품고 캐나다에서 미국으로 건너왔다. 그러나 무명시절 너무나 가난했기 때문에 한동안 집도 없이 지내야 했다. 그러던 어느 날, 그는 '이렇게 살아갈 순 없다'는 생각에, 무작정 할리우드에서 가장 높은 언덕으로 올라갔다. 그리고는 그곳에서 수표책을 꺼내어 적요란에 '출연료'라고 적고 스스로에게 천만 달러를 지급했다. 그리고 그것을 지갑에 넣고 다녔다.

놀랍게도 5년 후 짐캐리는 〈덤 앤 더머〉와 〈배트맨〉의 출연료로 자신이 예전에 스스로에게 지급했던 금액보다 훨씬 더 많은 1,700만 달러를 받았다. 대포 수표가 실제로 이루어진 것이다. 그것을 기점으로 그의 명성은 나날이 높아졌고, 곧 세계적으로 유명한 영화배우가 되었다. 이제 그는 영화 한 편당 2천만 달러의 출연료를 받는다. 가장 높은 출연료를 받는 배우 중의 한 명이 된 것이다.

어느 음악회에서 일어난 일이다. 오케스트라를 지휘하기로 한 가난한 음악가는 새 예복을 장만할 돈이 없어 옛날에 입던 낡은 예복을 입고 나왔다.

그런데 지휘하는 과정에서 팔을 너무 힘껏 휘두르는 바람에 그만 예복이 찢어져 셔츠가 보이게 되었다. 한 곡이 끝난 후 그는 실례를 무릅쓰고 셔츠 바람으로 다시 지휘를 시작했다. 뒤에서 사람들이 킬킬거리며 웃는 소리를 들으면서도 지휘자는 열심히 지휘를 했다. 이때 맨 앞에 앉아 있던 한 귀족이 조용히 자기가 입고 있던 겉옷을 벗었다. 그리고 잠시 후 다른 사람들도 하나둘씩 겉옷을 벗기 시작했다. 그렇게 해서 그날의 연주는 매우 감격스러웠을 뿐 아니라 성공적으로 마칠 수 있었다.

우리는 이런 생각을 해볼 수 있다. 지휘자가 예복이 찢어졌다는 것에 당황했다면 그날 연주회는 어떻게 되었을까? 뒤에서 들려오는 수군거림과 비웃음 소리에 신경을 썼다면 그는 자신의 실력을 제대로 발휘할 수 없었을 것이다. 그러나 그는 결코 당황하지 않았다. 찢어진 예복에 창피함을 느끼기보다 자신의 재능을 믿었기 때문이다. 그런 그의 자신감 있는 지휘로 청중들 역시 아무렇지 않게 연주에 집중할 수 있었던 것이다.

세계적인 만화가 스콧 아담스도 무명시절 낮은 임금을 받는 공장의 말단 직원이었던 적이 있었다. 그때 그는 자신의 사무실 책상에서 하루에도 몇 번씩 낙서를 하는 습관이 있었다. 그가 끊임없이 썼던 글귀는 "나는 신문에 만화를 연재하는 유명한 만화가가 될 것이다."였다. 그는 이 문장을 하루에 열다섯 번씩 써내려갔다. 그때까지 그의 만화는 수많은 신문사들로부터 계속 거절당하고 있었지만 아담스는 포기하지 않았다. 그러기를 수백 번, 그는 마침내 한 신문사와 만화 연재 계약을 맺게 되었다. 자신의 첫 번째 꿈을 이룬 것이다. 그는 첫 번째 꿈을 이룬 후 지금껏 썼던 문구를 "나는 세계 최고의 만화가가 되겠다."라고 바꾸었다. 그리고 하루에 열다섯 번씩 그 문구를 쓰기 시작했다.

현재 스콧 아담스의 〈딜버트〉만화는 전 세계적으로 2천 종의 신문에 연재되고 있다. 웹사이트인 '딜버트 존(Dilbert ZONE)'의 하루 평균 방문자 수는 10만 명에 달한다. 이제 세계 어디를 가도 딜버트 캐

릭터로 장식되어 있는 커피잔, 컴퓨터 마우스 패드, 탁상 다이어리와 캘린더들을 볼 수 있으며 '딜버트'를 주제로 한 TV쇼는 미국에서 매주 방영된다. 이제 스콧 아담스는 하루에 열다섯 번씩 이런 말을 적고 있다.

"나는 퓰리처상을 받을 것이다."

대단한 자신감이지 않은가. 자신의 분야에서 최고가 된 사람들은 스콧 아담스와 같은 강한 자신감으로 무장해 있다. 어떤 어려움에 처하더라도 그들은 내일은 오늘보다 더 나아질 거라는 믿음을 잃지 않는다.

메리케이 코스메틱의 창업자인 메리 케이 애시. 그녀는 사람들에게 자신의 성공 비결 한 가지를 공개했다.

"꿈을 이루기 전까지 꿈을 이룬 사람처럼 행동하라."

무슨 일을 하든 '잘할 수 있다'는 자신감을 가져야 한다. 자신감은 '지금보다 더 나아진다'는 자기 암시와 같다. 성공자들이 자신감을 가지라고 하는 데는 다 이유가 있다. 메리 케이 애시의 성공 비결을 여러분의 것으로 만들어보길 바란다.

지금이 지나가면 정말 늦는다,
당장 도전하라

도전 없이는 성공도 없다. 성공자들의 인생을 살펴보면 도전이라는 발자국이 수없이 찍혀 있음을 알 수 있다. 현재 책 집필과 특강, TV와 라디오 방송으로 바쁜 나날을 보내고 있는 나 역시 인생의 굴곡마다 도전의 흔적이 선명하다. 잠시 내 이야기를 할까 한다.

나는 1977년 SK상사에 입사해 39세에 당시 선경(SK글로벌) 최연소 이사로 승진, 마케팅 실장과 사장실장 등을 거치며 20여 년간을 SK맨으로 지냈다. 전 세계 100여 개국 이상을 뛰어다니며 분투했던 기억이 아직도 생생하다.

1999년 1월 사내 이미지, PR컨설팅 사업부인 이미지네이션이 분사하면서 대표이사를 맡고 마케팅 컨설팅 회사인 글로벌커뮤니케이션즈를 설립하며 두 회사를 이끄는 CEO가 되었다. 나는 바쁜 가운데서도 미래를 위해 국제경영학 박사 학위를 땄다. 그리고 현재 세계화전략연구소 소장이자 대학교 겸임교수라는 직함도 지니고 있다.

만일 내가 인생을 살아오면서 도전을 두려워했다면 분명 지금의 나는 존재하지 않을 것이다. 그저 남들처럼 현실에 안주하면서 우물 안 개구리 신세로 살고 있을지 모른다. 나는 도전을 통해 나의 가능성을 발견함과 동시에 성공할 수 있다는 확신을 가질 수 있었다. 물론 도전하는 과정에서 무수히 깨지고 넘어지기도 했다. 하지만 그런 고통들이 있었기에 지금의 내가 존재할 수 있다고 믿는다. 도전 속에서 얻은 생채기들은 내가 나 자신에게 주는 인생 최고의 선물 같은 훈장이다.

인터넷 서점 아마존의 창업자 제프 베조스. 그는 과거 낯설기만 하던 인터넷 공간을 새로운 쇼핑 공간으로 변화시킨 인터넷 쇼핑 개척자로 꼽히고 있다. 아마존을 창업하기 전 제프 베조스는 월스트리트에 위치한 유명한 헤지펀드 회사 디이쇼(D.E.Shaw)에 몸담고 있었다. 그는 금융기업의 최연소 부사장으로 승진하려던 시점에 사표를 내기로 마음먹었다. 그동안 계획했던, 수백만 권의 책을 유통하는 온라인 서점을 만들기 위해서였다.

그가 사표를 내자 직장상사는 강하게 만류했다.

"정말 기발한 아이디어라는 생각이 드는군. 하지만 이미 자네는 남들이 못 들어와 안달하는 직장에다 곧 부사장 승진을 앞두고 있네.

그런데 뭐가 아쉬워 힘든 인생을 자처하는가?”

주위 동료들 역시 사표를 내는 것은 어리석은 짓이라며 그를 말렸다. 그러나 그런 그를 끝까지 지지해준 사람이 있었는데 바로 그의 아내였다. 그는 자신의 판단을 믿었다. 그리고 미련 없이 회사에 사표를 제출했다. 그는 시애틀의 교외에다 집을 빌려 커대브러닷컴이라는 인터넷 기업을 설립했다. 그리고 네 명의 프로그래머와 함께 매일같이 프로그램 개발에 몰두했다. 뿐만 아니라 틈틈이 디이쇼에서 일할 때 사귄 사람들에게 전화를 걸어 사업 투자금을 유치했다. 그런 노력 끝에 사업 투자금 200만 달러를 모을 수 있었다.

3개월 후 그는 세계 최초의 인터넷 서점을 오픈했다. 회사명은 브라질의 아마존에서 영감을 얻은 아마존닷컴으로 정했다. 아마존은 문을 연 지 10년 후인 2004년, 인터넷 매출 70억 달러로 세계 1위를 차지하는 기염을 토했다. 사업의 다각화를 통해 CD, DVD, 보석, 의약품, 식료품, 다이아몬드 등 다양한 상품을 팔면서 인터넷 기업의 대명사로 자리매김했다.

시사 주간지 「타임」은 1999년 그를 ‘올해의 인물’로 선정했고, 경제 전문지 「포춘」도 2003년과 2004년 연속으로 그를 ‘올해 최고의 경영인’에 선정했다.

부와 명예를 거머쥔 현재 그의 재산은 43억 달러로 천문학적인 액수에 달하며 이는 전 세계 147번째에 해당된다.

도전하는 인생을 통해 지금의 성공을 만든 제프 베조스. 그는 원하는 일이 있으면 주저하지 말고 도전하라고 말한다.

"결국 우리는 우리가 내리는 선택의 결과물입니다. 자신의 인생을 멋지게 만들어보십시오."

사람은 누구나 하고 싶은 일이 있고 되고 싶은 인물이 있다. 자신이 원하는 일을 하고 그런 인물이 되기 위해선 가만히 있어서는 안 된다. 실패를 무릅쓰고 도전해야 한다. 세상의 그 어떤 일도 바람만으로는 실현되지 않는다. 적극적인 행동이 뒤따라야 한다. 물론 도전하는 것은 불안하고 두려운 일이다. 실패라는 복병이 기다리고 있기 때문이다. 그렇다고 해서 도전을 멈출 순 없다.

부도를 맞은 쌍용중공업을 인수해 7년 만에 재계 12위의 그룹으로 성장시킨 STX그룹의 강덕수 회장. 그는 1973년 쌍용양회에 평사원으로 입사한 뒤 2000년 쌍용중공업 CFO(최고재무책임자) 전무까지 올라갔다. 그러나 외환위기를 맞아 회사는 법정관리에 들어갔고, 쌍용중공업의 인수 주체였던 외국계 컨소시엄에 의해 최고경영자로 발탁되었다.

그러나 그는 최고경영자로 머무르지 않고 2001년 쌍용중공업 인수에 나섰다. 그는 인수 자금 20억 원을 마련하기 위해 서울 강남에 있던 아파트까지 처분하고 전세로 옮겼다. 뿐만 아니라 스톡옵션과 직장생활에서 모은 돈을 전부 쌍용중공업의 주식을 사들이는 데 썼다. 지금 그룹은 20조원의 매출을 올리고 있다. 그는 자신의 전부를 걸었기에 성공할 수 있었던 것이다.

언젠가 강덕수 회장은 이런 말을 한 적이 있다.

"같은 시기에 같은 생각을 하는 사람은 많았다. 나는 생각을 행동에 옮겼을 뿐이다."

샤넬의 창업자 가브리엘 샤넬은 가난한 집안의 6남매 중 둘째로 태어났다. 여섯 살 때 어머니가 죽자 여기저기 떠돌아다니며 포도주 행상을 하던 아버지에 의해 언니와 여동생과 함께 수녀원에서 운영하는 고아원에 맡겨졌다. 수녀원에서의 생활은 샤넬의 패션에 깊은 영향을 미치게 된다. 성당 앞에서 공상을 하다 바라본 스테인드글라스에서 영감을 얻어 C자 두 개가 겹쳐진 샤넬의 로고가 탄생하였고, 샤넬의 트레이드 마크인 흑백의 조화도 수녀복과 고아원 원생들의 유니폼에서 영향을 받은 것이다.

열여덟 살이 되던 해 그녀는 갈 곳이 없어 물랭이라는 작은 도시의 '라 로통드'라는 뮤직 홀에서 노래를 부르기 시작했다. 뮤직 홀 가수로 일하면서 수녀원에서 배운 바느질로 모자를 만들기 시작했다.

샤넬은 낮에는 의상실, 밤에는 뮤직 홀 가수로 일하며 상류층 남자들과 사랑에 빠지면서 상류사회를 경험하게 되었다. 이때의 경험은 그녀에게 그동안 여성을 억압하던 코르셋을 과감하게 탈피해 여성의 자연스러운 육체의 아름다움을 패션 속에 녹여내게 하는 영감을 불어넣어 주었다.

그녀는 여자를 고통스럽게 하는 코르셋이 없는 활동적인 옷을 원했다. 그녀의 디자인은 당시 굉장히 파격적인 것이었다. 화려하고 장식이 많았지만 단순하고 편한 스타일로 여자들을 코르셋으로부터 해방시켜주었다. 그녀는 특이한 디자인을 많이 했고 남자 속옷으로 많이 쓰이는 저지 천으로 또 다시 유행을 불러일으켰다.

그녀의 유명한 디자인인 투피스, 스리피스 수트는 1939년까지 유행을 주도했다. 그러다가 2차 세계대전이 발발하자 메종샤넬의 문을 닫고 은퇴했다가 71세인 1954년에 다시 복귀해 트위드 투피스를 디자인해 성공하게 된다.

극작가이자 신랄한 비판가로 알려진 조지 버나드 쇼는 20세기 가장 위대한 여성 두 명을 꼽았는데 라듐 발견으로 인류의 과학진보를 앞당긴 퀴리 부인과 현대 여성 옷의 기준을 세운 가브리엘 샤넬이다. 패션이기 이전에 여성에게 해방을 안겨준 아름다운 문화혁명으로 인식되고 있는 샤넬은 현재 최고의 명품 브랜드로 손꼽히고 있다. 나는 그 이유를 불행한 어린 시절을 극복하고 창조적인 삶을 위한 샤넬의 끊임없는 도전에서 찾는다.

미국 '토크쇼의 여왕'이자 흑인 중 최고 부자 리스트에 이름을 올린 오프라 윈프리는 말했다.

"아무것도 결정하지 않거나 선택하지 않으면 시간만 지나간다. 어떤 일도 일어나지 않는다. 하루하루가 그렇게 지나간다. 왜냐하면 선택하지 않는 것 또한 선택이기 때문이다. 무엇이 두렵고 불안해 늘 미루고 있는지 한번 진지하게 자신에게 물어보라. 최종 결정권자는 항상 자신이라는 것을 잊지 마라."

미시시피주 빈민가에서 미혼모의 딸로 태어난 윈프리는 열네 살 때 자신도 미혼모가 되었지만 2주 만에 아이를 잃는 등 수많은 시련과 역경을 겪었다. 그럼에도 불구하고 그녀는 고교 시절 라디오 프로그램에서 일자리를 얻었고 미디어 커뮤니케이션 부문의 회사를 창업하며 성공 가도를 달렸다.

성공과 실패의 차이는 얼마나 간절히 원하느냐의 차이다. 성공을 강력하게 원하면 실패 따위는 두렵지 않다. 실패해도 계속 도전하게 된다. 그리고 마침내 성공한다.

그러나 성공에 대한 열망이 약하다면 실패가 두려워진다. 도전을 하면서도 '실패하면 어쩌지?'라는 두려움이 머릿속에서 떠나지 않는다. 이런 두려움은 자신의 역량을 제대로 발휘하지 못하게 만든다. 이는 곧 실패를 위한 도전이 된다.

실패를 두려워하는 친구들이 있다. 그런 친구들에게 실패하지 않는 한 가지 방법을 알려주겠다. 바로 아무 도전도 하지 않는 것이다. 그냥 계속 그 자리에 있는 것이다. 그러면 실패도 없지만 아무런 발전도 없다. 실패가 두려워 발전이 없는 고인 물 같은 인생을 살고 싶은가? 당장은 편하고 쉬울지 몰라도 고인 물은 머지않아 썩어서 악취를 풍기게 마련이다. 진정으로 이런 인생을 살고 싶은가?

　실수나 실패가 두려워 도전을 주저하게 될 때 미국의 정치가이자 과학자, 저술가였던 벤자민 프랭클린의 이 말을 깊이 생각해보길 바란다.

　"여러 가지 일을 시도하는 사람은 많은 실수를 하게 마련이다. 그러나 가장 큰 실수는 아무것도 하지 않는 것이다."

최고보다 최초가 되어라

흔히 한 분야에서 일가를 이룬 인물들 앞에는 '최초' '최고' '최연소' 등의 수식이 붙는다. 이런 수식어들은 남들보다 뛰어난 성공자라는 것을 뜻한다. 그래서 지금 이 순간에도 사람들은 자신의 분야에서 최초, 최고가 되기 위해 분투하고 있다.

나는 10대들에게 어떤 일에 도전할 때 최고보다 최초가 되라고 조언한다. 그 분야의 최고는 노력으로 가능하지만 최초는 노력한다고 해서 되는 것이 아니기 때문이다. 물론 최초로 도전하는 일은 막막하고, 두렵고, 불안하게 마련이다. 그렇다고 해서 도전을 포기해선 안 된다. 힘든 만큼 남들 역시 그 분야에 대한 도전을 주저하고 있다는 것을 알아야 한다. 따라서 용기를 내어 도전하면 보다 많은 기회의 주인이 될 수 있다.

한국인 최초로 할리우드에 감독 겸 배우로 진출한 심형래. 그는 이런 말을 했다.

"못해서 안 하는 게 아니라 안 하니까 못한다. 남이 가지 않은 험난한 길을 스스로 개척하며 새로운 기회와 가치를 창출하는 구성원의 창조적 열정이야말로 기업의 성장 가능성을 좌우하는 핵심 경쟁력이다."

사실 많은 사람들이 충분히 자신의 꿈을 실현할 수 있는데도 불가능한 꿈으로 치부하며 포기해버린다. 그들 중 대부분은 시도조차 하지 않고 자신이 서 있는 현재와 꿈과의 거리만 생각하기 때문에 백일몽 정도로 여기는 것이다. 꿈을 실현하기 위해 노력하면 꿈과의 거리를 좁힐 수 있는데도 말이다.

세상에는 나이가 들수록 더 잘나가는 사람들이 있다. 그동안 나는 그들의 성공 비결을 연구하고 분석해왔다. 그것을 토대로 그들의 성공 비결을 책과 강연으로 전하고 있다. 그 가운데 남다른 인물이 있는데, 바로 '백신의 선구자' 안철수다. 젊은이들에게 최고의 멘토로 꼽히고 있는 그는 어떻게 해서 성공할 수 있었을까? 잠시 그의 의대 박사 과정 시절을 살펴보자.

그는 의대 박사 과정에 있던 1988년부터 7년간이나 매일같이 새벽에 기상해 출근하기 전까지 백신 프로그램을 개발하는 일에 매달렸다. 사실 박사 과정 중에서도 의대 박사 과정이 가장 힘들다. 그런데도 왜 그는 몸만 고단할 뿐 돈도 되지 않는 일에 매달렸던 것일까? 그것은 그 일이 진정으로 자신이 원하는 일이었기 때문이다. 가슴이 시키는 일이었던 것이다. 그렇게 그는 자신의 30대를 백신 프로그램을 개발하는 데 송두리째 바쳤다. 그 결과 오늘의 안철수가 존재하는 것이다.

1898년 아인슈타인이 스위스 취리히 국립공과대학을 다니던 시절, 그는 지도교수였던 수학자 인코프스키에게 "어떻게 하면 과학계에서 발자취를 남길 수 있을까요?"라는 질문을 던졌다. 그러자 인코프스키는 아인슈타인을 엉뚱한 길로 데리고 갔다.

잠시 후 아인슈타인의 "선생님, 혹시 엉뚱한 길로 들어오신 것 아닙니까?"라는 물음에 인코프스키 교수는 이렇게 답했다.

"맞네, 잘못된 길이지! 이렇게 '잘못된' 길만이 발자취를 남길 수 있다네. 아직 단단하게 굳지 않은 땅, 즉 새로운 분야로 가야만 깊은 발자국을 남길 수 있다네. 이미 단단하게 굳은 땅, 그러니까 많은 사람들이 수없이 거쳐 간 곳에는 발자국이 찍히지 않네."

많은 사람들이 지나다니는 길은 그만큼 편하고 안전하다. 그러나 그 길에서 얻을 수 있는 기회는 거의 없다. 어쩌다가 줍게 되는 부스러기 정도다. 반면에 아무도 가지 않은 길은 불편하고 위험하다. 그렇기에 최초로 그 길을 가게 되면 많은 기회들을 만날 수 있다. 보이는 기회들이 모두 내 것이 된다는 말이다. 한 분야에서 최초로 성공을 이룬 사람들은 그 분야에서 최고가 된 사람들보다 눈부시다. 또한 그 스포트라이트가 오래 지속된다. 시간이 지나면서 또 다른 최고의 성과를 올린 사람은 나타날 수 있지만 또 다른 최초의 탄생은 불가능하기 때문이다.

내가 개인적으로 존경하는 인물이 있다. 세계적인 성공 컨설턴트 나폴레온 힐이다. 그가 전 세계의 수많은 사람들을 성공으로 이끈 인물이 될 수 있었던 것도 최초로 성공한 사람들의 성공 비결을 연구 분석했기 때문이다.

나폴레온 힐은 버지니아주의 한 가난한 집에서 태어났다. 그는 열세 살 때 동네 신문사의 기자일을 하면서 글을 쓰기 시작했다. 그러다 어느 날 철강왕 앤드류 카네기를 만나면서 인생의 커다란 전환점을 맞게 되었다. 카네기는 자신의 성공철학에 대해 상세하게 일러주며 이를 완성해 달라는 부탁을 했다. 그리고 인생의 패배자로 생애를 마칠지도 모르는 수많은 사람들을 위해 성공철학을 20년 이상 계속 연구할 각오가 돼 있는지 물었다. 그때 그는 일말의 망설임도 없이 "반드시 해내겠다."고 대답했다.

그 후 나폴레온 힐은 미국에서 성공한 저명인사 500명을 20년 동안 인터뷰했다. 그들의 성공철학이 무엇인지를 연구하기 위해서였다. 그리하여 그들의 성공철학을 토대로 저서 『놓치고 싶지 않은 나의 꿈 나의 인생』을 출간했고 베스트셀러 작가가 되었다. 뿐만 아니라 88세의 나이로 세상을 떠날 때까지 자신이 연구한 성공학대로 살았다.

물론 그가 성공자들의 성공철학을 연구하는 과정에는 숱한 시련과 역경이 따랐다. 가족, 친척, 친구들로부터 쓸데없는 일에 매달린다는 비웃음을 들어야 했으며 가난한 형편에 가족을 돌보지 않는다는 비난도 끊이지 않았다.

그러나 그는 성공철학에 대한 연구를 포기하지 않았다. 그리하여 결국 많은 사람들의 성공철학을 책으로 출간해 좌절과 절망에 빠져 있는 수많은 사람들에게 희망과 성공을 안겨주었다.

세계 패션계의 신화적 존재인 루치아노 베네통은 이탈리아의 한 가정에서 장남으로 태어났다. 그는 10살 때 아버지를 잃은 후 어머니와 세 명의 동생과 함께 살았다.

그는 아버지가 간절히 바라셨던 의사의 꿈을 이루기 위해 열심히 공부했다. 하지만 가난한 형편이었던 탓에 공부에만 몰두할 수 없었던 그는 중학교를 졸업한 후 진학을 포기하고 양복점에서 일을 시작했다. 비록 생계를 위해 하는 일이었지만 그는 주어진 일만 하지 않았다. 항상 새로운 것을 만들기 좋아했고 새로운 시도를 하는 데 주저하지 않았다.

어느 날 그는 조각난 천을 엮어 나비넥타이를 직접 만들어 매고는 양복점 손님들의 반응을 살펴보았다.

"어머, 그거 멋있는데 어디서 샀니?"

손님들은 참신한 디자인과 다양한 색상에 관심을 보였다. 그는 다양한 계층의 고객들을 만족시키기에는 현재의 양복으로는 부족하다는 것을 깨달았다.

그는 자신만의 감각으로 독자적인 브랜드를 구축해나갔다. 그리하여 훗날 독자적 의류 브랜드 '베네통'을 탄생시켜 의류계에 캐주얼 혁명을 불러일으켰다.

현재 그는 독특한 디자인으로 전 세계 120개국 5,000여 개 매장에서 매년 1억 벌 이상의 옷을 판매하고 있다.

몇 해 전 우리나라를 방문한 자리에서 그는 이렇게 말했다.

"우리 회사 직원들이 남들보다 뛰어나거나 특별한 재능은 없습니다. 다만 남들과 다르게 생각하려고 노력할 뿐입니다. 성공 비결은 단 하나 '자유로운 발상'입니다."

내가 아는 한 중학생은 성공은 아무나 할 수 없다고 믿고 있었다. 부모는 몇 해 전에 이혼을 했고 그 학생은 어머니와 같이 살고 있었다. 가난한 형편 탓에 성공에 대한 강한 열망을 가지고 있었지만 다른 한편으로 성공은 자신처럼 성적도 낮고 집도 가난한 사람에게는 불가능한 것으로 여기고 있었다.

그래서 나는 그 학생에게 이렇게 조언했다.

"성공하는 인생, 실패하는 인생은 마음먹기에 달렸다. 비록 지금 힘든 처지에 놓여 있더라도 '내 인생의 주인은 바로 나'라는 주도적인 생각으로 생활한다면 반드시 성공으로 이끄는 기회들을 만날 수 있다. 그러기 위해선 지금의 처지를 비관하며 좌절하기보다 가슴 뛰는 꿈을 설정하고 열심히 공부해야 한다. 그리고 자신의 꿈이 꼭 실현된다는 믿음을 절대 놓아선 안 된다. 꿈은 믿음의 크기만큼 실현되는 법이니까.”

세상에는 수많은 성공자들이 있다. 그리고 지금 이 순간에도 많은 백만장자들이 탄생하고 있다. 주목해야 할 사실은 그들 중 대부분이 자수성가했다는 것이다. 그들도 했는데, 여러분이라고 못하라는 법이 어디 있는가.

오늘날의 맥도날드를 있게 한 레이 크록. 그는 어려서부터 공부하는 것보다 노는 것과 상상하는 것을 더 좋아했다. 그는 다니던 중학교를 중퇴하고 열두 살 때부터 일을 시작했다. 구급차 운전기사로도 일했으며 밀크 셰이크 믹서기를 팔기 위해 미국 전역을 돌아다녔다.

1954년 밀크 셰이크 믹서기를 팔기 위해 캘리포니아주 산 버너디노에 머물던 그는 한 햄버거 가게에서 맥도날드 형제를 만나게 되었다. 떠돌이 장사꾼에 불과했던 그는 햄버거를 사기 위해 길게 늘어선 사람들의 행렬 속에서 엄청난 사업기회를 발견했다.

그는 사업 확장에 소극적이었던 맥도날드 형제를 설득해서 프랜차이즈 사업권을 얻어냈다. 그날 이후 맥도날드는 황금알을 낳는 거위가 되었다. 전 세계 121개국에 3만 개가 넘는 점포를 가진 다국적 기업으로 성장한 것이다. 현재 맥도날드에는 매일 4,600만 명이 넘는 사람들이 햄버거를 사기 위해 찾는다.

레이 크록의 사무실과 맥도날드 본사의 모든 중역실에는 눈길을

끄는 액자가 걸려 있다. 액자에는 미국의 제30대 대통령인 캘빈 쿨리지의 글이 적혀 있다.

"세상에 인내 없이 이룰 수 있는 일은 아무것도 없다. 재능으로는 안된다. 위대한 재능을 가지고도 성공하지 못한 사람은 많다. 천재성으로도 안된다. 성공하지 못한 천재는 웃음거리만 될 뿐이다. 교육으로도 안된다. 세상은 교육받은 낙오자로 넘치고 있다. 오직 인내와 결단력만이 무엇이든 이룰 수 있다."

최고가 되는 일도 의미 있지만 최초가 되는 일은 더 의미 있고 가치 있다. 그러나 한 분야에서 최초가 되는 일은 결코 만만하지 않다. 아무도 가지 않은 길이기에 불안하고 두렵기 때문이다. 그래서 최고가 되는 일보다 더 많은 용기와 도전정신을 필요로 한다.

그러나 한 분야에서 최초가 된다면 그만큼 더 인정을 받게 마련이다. 사람들은 최초를 기억하기 때문이다.

다음에 소개하는 여섯 명 역시 자신의 분야에서 최초의 성과를 발휘한 사람들이다.

① 안철수 : 국내 최초 컴퓨터 바이러스 백신 V3 개발
② 한경희 : 국내 최초 스팀청소기 개발
③ 김연아 : 쇼트 프로그램에서 역대 최고점인 76.12점과 함께
　　　　　총점 207.71점을 획득, 세계 최초 꿈의 200점 돌파

④ 김주하 : 여성 최초 뉴스 단독 진행

⑤ 한비야 : 한국인 최초의 여성 세계 배낭여행가

⑥ 이소연 : 한국 최초 우주인

최초가 되기 위해 노력하라. 최초가 되는 것만큼 의미 있고 유일한 이름이 되는 것도 없다. 최고는 누구에게나 열려 있는 이름이지만 최초라는 타이틀은 단 한 사람만이 가져갈 수 있는 이름이기 때문이다.